人 文 社 会 科 学 类 学 术 丛 书

长江经济带城市群协同创新研究

苏国兵　著

WUHAN UNIVERSITY PRESS
武汉大学出版社

图书在版编目(CIP)数据

长江经济带城市群协同创新研究/苏国兵著.—武汉：武汉大学出版社,2021.4(2022.4 重印)
人文社会科学类学术丛书
ISBN 978-7-307-22222-9

Ⅰ.长… Ⅱ.苏… Ⅲ.长江经济带—城市群—国家创新系统—研究 Ⅳ.F299.275

中国版本图书馆 CIP 数据核字(2021)第 062038 号

责任编辑:范绪泉　　责任校对:汪欣怡　　版式设计:马　佳

出版发行：**武汉大学出版社**　(430072　武昌　珞珈山)
(电子邮箱：cbs22@whu.edu.cn　网址：www.wdp.com.cn)
印刷:武汉邮科印务有限公司
开本:720×1000　1/16　印张:9.5　字数:168 千字　插页:1
版次:2021 年 4 月第 1 版　　2022 年 4 月第 2 次印刷
ISBN 978-7-307-22222-9　　定价:39.00 元

前　言

党的十九届五中全会明确指出要“坚持创新在我国现代化建设全局中的核心地位，把科技自立自强作为国家发展的战略支撑，面向世界科技前沿、面向经济主战场、面向国家重大需求、面向人民生命健康，深入实施科教兴国战略、人才强国战略、创新驱动发展战略，完善国家创新体系，加快建设科技强国。”科技进步速度前所未有，科技创新在推动经济发展和促进社会进步，乃至于提升我国的综合国力方面都起到了决定性的作用。一些重要科学问题和关键核心技术领域发生革命性突破的先兆已然显现，全球进入了空前的创新密集和产业变革时代，人类正在经历一场全球性的科技革命。在日趋激烈的国际科技竞争格局中，作为我国中部经济发展增长极的长江中游城市群，应主动肩负起使命，积极响应国家战略、加速融入全球创新网络、加快形成科技对外开放新优势，充分利用好全球科技创新中心建设的政策条件、开启建设全球创新城市的伟大征程，为中国经济的高质量发展提供区域创新支撑，为中国经济升级版的打造提供动力，为实现中华民族伟大复兴提供中部力量，为实现中国梦的伟大实践作出贡献。

本书从长江中游城市群内各个城市的创新系统发展出发，在梳理国内外相关研究的基础上，将城市创新系统解构为城市创新需求系统和城市创新供给系统两个方面，分析创新系统的需求和供给特征，评价长江中游城市群的城市创新系统需求和供给水平；在定量分析长江中游城市的创新需求和供给的基础上，引入协同学、动力学等相关理论基础和评价方法，从时间和空间两个维度探索长江中游城市群创新需求和供给的演化规律及耦合协调发展模式，细化其发展的空间演化机理，深入剖析城市创新系统协同演化机制，模拟创新供需系统的协同发展过程。在定性分析和定量评价中，通过经济学、地理学、协同学、系统动力学等相关知识，以期解决长江中游城市群及其内部的武汉城市圈、长株潭城市群、环鄱阳湖城市群创新发展过程中的水平评价问题、协同发展问题和演化演进机理等问题，为长江中游城市群及长江中游城市群内的武汉城市圈、长株潭城市群和环鄱阳湖城市群的创新发展及建设国家创新中心提供技术支持和理论指导。

本书主要的内容包括以下几个方面：

（1）区域创新系统协同创新的文献综述。详细梳理创新发展研究的历史进程和主要领域，从国家创新体系、区域创新体系、创新生态系统、全球创新网络等方面梳理区域创新体系的理论与实证研究，辨析创新体系的要素配置与优化研究的最新进展。从区域创新系统内部产学研协同创新、大学—企业技术转移、区域创新系统之间的协同创新等三个方面梳理协同创新研究现状，揭示当前研究的不足，指出本书研究与现有研究的创新之处。

（2）定量分析城市群创新供需系统发展水平需要从城市创新的需求和供给两个方面入手，既要定性分析创新需求和创新供给的内涵和特征以将两个子系统从城市创新系统中进行解构，还要在解构的基础上选择科学合理的模型方法以完成对两个子系统的定量水平测度。对于创新供需子系统结构的分解，本书考虑城市/区域创新系统分析中常用的指标与方法，如创新投入、创新产出、创新环境、创新文化、创新政策等多角度反映城市群创新供需系统的结构特征。发展水平度量的方法则直接关系到城市群创新需求和供给两个子系统评价的科学性以及在此基础上进行演化分析的严谨性。从本书的研究对象来看，横向囊括了长江中游城市群及其内部三个次级城市群和所包含的诸多城市，纵向涵盖了创新系统的需求和供给两个方面；从研究对象的内容来分析，长江中游城市群的城市创新供给子系统需要考虑“创新资源（人力、资金）供给”、“创新政策供给”以及“创新文化供给”等诸多方面，相应的其城市创新需求系统也涵盖了“创新产业需求”和“创新社会需求”等方面。因此，本书构建了多目标的、多尺度的、多层次的长江中游城市群创新供需系统发展水平度量指标体系，并对其进行有效性系统评估。

（3）在解构长江中游城市群的城市群创新系统需求和供给的基础上，探索其协同发展的模式、水平、现状和格局是深入厘清长江中游城市群创新发展的逻辑起点。从这一逻辑起点出发，分别从时间和空间两个维度分析长江中游城市群创新发展的规律是本研究的核心内容，所以本研究以长江中游城市群2000—2015年的面板数据为对象，旨在剖析长江中游城市群创新供需系统发展历程，厘清新时期城市群创新系统在需求和供给两个方面的协同发展内容和模式，并进行具体的现状刻画和问题分析，为长江中游城市群、特别是武汉城市圈创新供需系统空间协同发展的理论设计与途径选择提供现实依据与经验教训。为此，本问题主要研究：①长江中游城市群创新供需系统二元结构研究；②长江中游城市群创新供需系统发展的比较研究；③长江中游城市群创新供需系统协同发展的空间格局与区域类型研究；④长江中游城市群创新供需系统空间协同发展的特征性规则提取与问题诊断。

（4）长江中游城市群的城市创新系统由创新需求子系统和创新供给子系统共同构成，而根据复杂系统理论，两个子系统作为创新系统的主要构成部分和重要表现方面，二者具有相互作用、彼此影响等特点，其协同发展更是形成了长江中游城市群创新发展的核心内容，推动着长江中游城市群不断向高质量发展，同时长江中游城市群的城市创新需求和供给系统间的不断相互影响、作用、反馈和调节构筑起了区域创新发展的根本动力。因此，本书以这一思想作为切入点，运用系统动力学等相关模型和方法，旨在全面揭示长江中游城市群创新系统在需求和供给两个方面的作用和关联机理，分析二者直接的胁迫制约和协同促进机制，探究二者的反馈方式和作用强度。

（5）本书以长江中游城市群为研究对象揭示其创新发展的同时，还以具象的创新需求和创新供给两个子系统发展现状为基础，通过其现状特点和协同机制预测和模拟长江中游城市群创新的未来发展。对长江中游城市群创新的预测和模拟主要涵盖两部分：一部分是基于 GIS-CA 模型的城市群创新供给系统空间模拟，另一部分是基于 SD 模型的城市群创新需求系统发展预测，以期构建起未来长江中游城市群创新发展图景。而在具体模拟预测过程中，本研究既考虑创新系统演进的一般特征，同时兼顾长江中游城市群创新发展的区域特征和历史演变，并从多个角度和不同侧面分别进行创新系统的研究，根据模拟结果提出相应的政策建议和解决方案。

目　　录

1 绪　论

1.1 研究背景及意义

1.1.1 研究背景

（1）创新要素在全球范围快速流动

近年来，在经济全球化推动下，在国际范围内出现了新一轮的以知识、技术、人才为核心的创新要素转移现象，这为中国建设创新型国家提供了难得的历史机遇，也提出了更为艰巨的挑战（张来武，2013）。2018 年 5 月 28 日，习近平总书记在两院院士大会上强调："科学技术是世界性的、时代性的，发展科学技术必须具有全球视野。不拒众流，方为江海。自主创新是开放环境下的创新，绝不能关起门来搞，而是要聚四海之气、借八方之力。"新时代，我国加快建设创新型国家和世界科技强国，需要以全球视野谋划和推动创新，全方位加强国际科学技术的协同创新。

放眼今天的世界，全球科技创新空前密集、空前活跃。把地球各个角落的人们紧紧联系在一起的，不仅是火车、飞机、轮船这些传统的交通工具，更有互联网、物联网、云计算、人工智能等新的科技手段。新一轮科技革命和产业变革，正在重构全球创新版图、重塑全球经济结构（柳卸林和高太山，2015）。随着全球经济一体化程度和全球价值链分工的不断深化，创新资源越来越明显地突破组织的、地域的、国家的界限，在全球范围内自由流动（王缉慈，2001；陈昭等，2017），世界正进入以创新要素全球流动为特征的开放创新时代，创新全球化趋势日益明显，开放与合作创新日益普遍（范柏乃，2004；陈劲，2018）。受经济全球化、新兴经济体崛起、技术进步速度加快、产品生命周期缩短等多种因素影响，技术和人才等创新要素跨国流动的规模和水平不断提高，全球研发网络在世界范围内不断扩张与耦合，加速了创新资源的国际流动，极大地改变了创新资源的空间配置格局（刘凤朝等，2013；孙才志等，2018）。单个国家的资源供给和需求往往存有数量和结构矛盾，因此，利用海外资源促进自身科技发展已成为一个重要的选择。

在此背景下，全球生产网络下（Global Production Networks，GPNs）的全球等级体系正不断瓦解，且正在被以跨国公司为主导的全球研发网络与以大学为主导的全球知识合作网络交织耦合形成的全球创新网络（Global Innovation Networks，GINs）重塑（杜德斌，2015；司月芳，等，2016）。学者们一致认为，全球创新网络的形成源于以跨国公司为主导的全球研发国际化（Ernst D.，2006），即研发不再集中于公司内部，创新离岸外包（Innovation Offshoring）成为当前跨国公司研发的主要形式（Chen S. H.，2004；Prato G. D. & Nepelski D.，2012）。在全球创新网络下，经济贸易时代中形成的国家间非对称相互依存关系在全球知识合作和创新资源转移过程中被刻画得更加清晰，全球创新资源的流动性致使当今任何一个国家或地区都不可能在某一科学领域和产业技术领域长期保持领先和垄断地位（段德忠，等，2018），而协同创新成为技术领先国家或地区实现创新经济价值和控制全球创新网络，以及技术落后国家或地区实现技术追赶，发展本国经济的主要方式。

全球科技创新的实践表明，固有的地域区隔往往会成为推动科技创新的掣肘，以全球视野谋划和推动科技创新成为必然（邓羽，司月芳，2016），加强国际科学技术的协同创新、主动融入全球科技创新网络，是一些国家创新实力不断增强的重要原因（范柏乃，2004；洪银兴，安同良，2015）。国家和特定区域的创新能力提升不再局限于独立的内部研发，也包括在更大范围内运用技术和资本等各种手段整合外部创新资源（王凯，等，2016）。通过全方位的国际科学技术协同创新，聚四海之气、借八方之力，将促进国内外技术、资本、知识等创新要素有效对接，助推科技创新与经济深度融合，助力新动能成长和传统动能改造提升。在经济全球化、信息化、网络化深入发展的条件下，唯有充分适应创新要素愈来愈具有的开放性、流动性趋势特征，坚持“引进来”和“走出去”相结合，积极融入全球创新网络，全面提高我国科技创新的国际合作水平，才能真正推进转型发展，从而积极应对世界格局变化和国际竞争。

（2）协同创新是推进形成自主创新的强大合力

当前，我国科技创新已步入以跟踪为主转向跟踪和并跑、领跑并存的新阶段，急需以国家目标和战略需求为导向，瞄准国际科技前沿，优化配置人财物资源，形成协同创新新格局（樊杰，等，2016）。习近平总书记指出，“只有把核心技术掌握在自己手中，才能真正掌握竞争和发展的主动权，才能从根本上保障国家经济安全、国防安全和其他安全。”如何才能突破核心技术的瓶颈，逐步解决“卡脖子”的问题？一个行之有效的路径，就是发挥市场经济条件下新型举国体制优势，集中力量、协同攻关，为攀登战略制高点、提高我国综合竞争力、保障国家安全提供支撑（王业强，2017）。

重大科技攻关具有复杂性和高度综合性，仅靠一个部门、一个单位很难完成任务，需要在党的统一领导下，全国一盘棋、大力协同、集智攻关（何郁冰，2012；黄菁菁，2017；段云龙，等，2019）。当前，我国面临的国际环境更为复杂，特别是随着我国发展逐步接近世界前沿，西方主要发达国家的高科技技术一直对我们封锁，一些重大核心技术和关键装备买不来、求不来，靠市场自发的力量也是很难搞起来的。在这种情况下，我们必须形成集中力量办大事的新机制，采取人力、财力、物力等资源集中配置的方式，发挥各方力量，推动核心科技不断迈上新水平。习近平总书记指出：“要着力加强科技创新统筹协调，努力克服各领域、各部门、各方面科技创新活动中存在的分散封闭、交叉重复等碎片化现象，避免创新中的‘孤岛’现象，加快建立健全各主体、各方面、各环节有机互动、协同高效的国家创新体系。”

与此同时，习近平总书记又明确指出：“我国社会主义制度能够集中力量办大事是我们成就事业的重要法宝。我国很多重大科技成果都是依靠这个法宝搞出来的，千万不能丢了！要让市场在资源配置中起决定性作用，同时要更好发挥政府作用，加强统筹协调，大力开展协同创新，集中力量办大事，抓重大、抓尖端、抓基本，形成推进自主创新的强大合力。”协同攻关、协同创新，有利于发挥我国集中力量办大事的制度优势。中华人民共和国成立70年以来，我们成功地运用了举国体制，在“两弹一星”、航空航天等领域集中攻关，取得了举世瞩目的科技突破。近些年来中国高铁的发展成就，则为新型举国体制的有效性提供了最新注脚。我国高铁形成世界上最丰富的产品谱系，综合技术指标达到世界先进水平，部分指标国际领先，创造多个世界纪录。中国高铁为什么能？这是因为在高铁的研发和试制生产过程中，整合了包括中科院、清华大学、北京大学在内的近30家国内一流科研院所与高校，与近50家骨干企业组成产学研用密切结合的自主创新联合体，形成了强大的协同创新势能，从而实现了多项高水平的技术创新。未来，在体现国家战略意图的重大科技项目上，要更好运用新型举国体制，通过各方协同、团结协作形成整体的创新势能。

协同攻关、协同创新，有利于更好地处理政府和市场的关系，激发市场主体的创新活力（程叶青，等，2014；程强，2016）。企业对市场需求感知最灵敏，也是最具活力的创新单元，突破核心技术更需要激发企业创新的微观活力。当前，互联网创新发展与新工业革命形成历史性交汇，全球新一轮科技革命和产业变革将重新改写全球经济格局，我国的科技企业面临难得的发展机遇。阿里巴巴的云计算、百度的人工智能、大疆的无人机……企业创新活力能够得到充分释放，就能在某个领域占据一席之地，甚至进入第一梯队。与此同时，在传统行业，中国企业的创新活力也在进一步激发，比如我国家电企业海尔和美的分别建立了高水平的科技创新开放平台，实现了家电产业的技术赶超。可以说，当越来越多的企业进入创新行业，就能有无数个分散的创新引擎，客观上形成以“协同创新”推进自主创新的强大合力。

总的来看，推动产学研深度融合是顺应当今世界科技创新发展趋势的有力举措，针对当前存在的“学”“研”与“产”脱节的突出问题，应建立科学有效的产学研深度融合机制，建设和完善国家创新体系。为充分调动企业、高校和科研院所创新积极性，大力推进人才、科研成果、市场对接，产学研深度融合，党的十八届三中全会通过的《中共中央关于全面深化改革若干重大问题的决定》明确提出要“建立产学研协同创新机制”，党的十九大报告中明确提出，要“深化科技体制改革，建立以企业为主体、市场为导向、产学研深度融合的技术创新体系”，这是根据我国经济发展现状和产学研结合的实际情况，充分释放创新活力，促进高新技术产业发展，繁荣地方经济，探索出的一条适合我国产学研深度融合之路。

(3) 城市是协同创新的核心空间载体

知识化与全球化是当今世界发展的两大趋势。知识溢出的空间尺度依赖性（地理邻近性）及产业经济的规模效应（集聚性）决定了科技创新活动的空间分布无论是在全球尺度还是在国家尺度，必然高度集聚在城市群地区，全球科技创新活动高度集聚在北美、西欧大城市群地区也印证了这一点（王铮，等，2003；倪鹏飞，2011；李国平，2012；赖明勇，2018）。在创新资源的全球流动和创新网络的全球-地方化（Glocalization）背景下，国家间的科技竞争已经转化至以城市为基本空间单元的全球科技创新中心的竞争上，谁拥有世界级的科技创新城市，谁就能最大程度吸引全球创新要素，从而在国际竞争中获得战略主动权（杜德斌，2015；吕海萍，等，2017）。

城市既是区域经济增长的引擎，更是创新发展的驱动力量，没有一家公司、一座城市能独立于“知识竞争”之外（李丹丹，2015）。在城市研究权威Florida（2002）的推动下，城市日益被看作知识、创造和创新繁荣的最合适地域（马海涛，2016）。在世界范围的知识经济时代，为了保证不被竞争对手抹杀，城市必须加强竞争力，需要有地方尺度上的聪明、新颖的战略（王志宝，等，2013；孙大明，原毅军，2019）。换言之，城市间对知识的激烈竞争，要求它们必须成为创新型城市。创新型城市作为中国区域经济发展的核心增长极，可以利用创新势能差辐射带动周边城市可持续发展，并在创新型城市网络中与其他创新型城市形成良性互动。在发达国家，城市不仅作为价值增值的主要创造者，而且作为创造性、企业家、交通运输的主要节点，发挥着日趋重要的作用。正因为如此，在网络化发展模式里，城市对全球和地方创新联系网络的嵌入，使之成为协同创新网络中的核心空间载体。

科技创新活动具有空间集聚性，因而创新资源和科技创新活动的空间分布无论是在全球尺度还是在地区尺度上，都极度不均衡，且高度集聚在全球少数地区和城市（方创琳，等，2014；安虎森，2015；周锐波，等，2019）。不管是中国城市内部的产学研协同创新绩效，还是城市之间的协同创新，由于受到不同城市创新资源禀赋、经济社会发展水平、创新环境及政策措施等诸多因素影响，都在空间格局上表现出极大的差异性与非均衡性。一个城市的创新驱动水平不仅取决于当地的经济水平、科技投入、制度条件、社会文化环境等自身因素，还受到其他地区创新活动的深刻影响（陈傲，柳卸林，2011；许彩侠，2012；白俊红，等，2015）。单个城市的创新能力无法有效应对复杂多变的竞争环境，而城市协同创新有利于实现科技资源在地区之间各个生产环节的协同整合，促进各地区之间优势互补、合作共赢，是充分调动和协调城市内各种科技资源的无形力量（王荄祥，2019；Fan，2020），是城市创新发展的高级阶段和必然结果（覃成林，2012；吕拉昌，2018）。在协同创新过程中，与传统经济要素类似，创新要素亦具有稀缺性和追逐自身价值最大化的特征，会从边际收益率低的区域向边际收益率高的区域流动。对于不同的区域创新系统，这种“择优”机制会促使创新要素在各区域创新系统之间流动，集聚区域之间的分散创新资源，形成空间良性交互作用，助推区域协调发展与一体化发展。

1.1.2 研究意义

1.1.2.1 理论意义

本研究基于城市创新系统协同创新理论拓展了城市群创新供需系统及其政策研究的相关理论以及方法体系。城市创新系统本身是一个包含创新主体、创新环境和创新联系等的庞大复杂系统，而城市群的创新系统则在更高的水平上涵盖了多个城市创新系统，给予了城市创新主体、创新环境和创新联系等以一定的空间范围。因此，在城市群这个确定的城市创新范围内，供给和需求是厘清城市创新系统内部发展和外部关联的两个重要方面。本研究在梳理了国内外关于城市创新系统的相关研究的基础上，厘清了城市群创新系统的供给和需求两个方面的内容，是对城市群创新系统相关理论的一次有效拓展，给予了之后专家和学者进行类似研究一个新的视角，可以帮助相关研究从供给和需求视角探究问题的出现、发展与解决方案；同时，本研究在区分了城市群创新系统的供给和需求两个方面的基础上，进一步参考以往的研究成果，构建了长江中游城市群创新供需系统的定量分析指标框架，通过层次分析法、熵权法、D-S证据理论合成法等一系列相关权重确定方法评价指标体系中各项指标的权重值，进而分析长江中游城市各个城市创新系统的供给与需求发展水平，因此可以说本书也极大地拓展了城市群创新供需系统的方法体系。

其次，丰富了城市创新系统的研究内容。当前关于城市创新系统的研究大多局限于将城市作为创新网络的节点以分析其创新水平、创新能力，或探究城市之间创新的相互联系，而鲜有研究从城市创新的内部作为切入点，从不同角度探析城市作为一个创新系统本身的演化过程和水平评价，而本研究则关注城市创新系统中的供给和需求两个重要方面，更微观、更具体地从城市创新系统内部分析问题、解决问题，在一定程度上丰富了当前城市创新系统的研究内容，可以为相关专家和学者提供有益的借鉴和参考。

1.1.2.2　现实意义

21世纪已经进入了知识经济时代，创新发展成为时代主题，世界各国都在积极推动创新发展和创新研究。城市作为创新网络的重要节点，承担了区域创新支点和国家创新重点的责任，当前世界各大主要城市的创新能力愈来愈强，而探讨城市内创新系统的演化发展也成为新的社会需求与研究话题。京津冀和长江经济带是我国区域发展的三大战略，长江中游城市群位于长江经济带的中心位置，在我国区域发展中具有重要地位，既是长江经济带发展的重要节点，也是中部崛起的重要支撑。因此，长江中游城市群必须在创新方面做出表率，并形成区域创新的增长极，辐射和带动周边城市朝高质量发展迈进。本研究从城市创新系统的内部入手，从供给和需求两个方面探究和分析长江中游城市群的创新发展水平，并在此基础上进行时空协同演化分析以及情景模拟，其现实意义表现为：

（1）从供给-需求的角度厘清城市创新系统演化的时空演化规律及机理，为城市创新系统自组织生长提供多角度分析和定量描述方法。根据复杂适应系统理论，将城市创新系统分解为供给与需求两个子系统（产业和社会作为城市创新发展的“需求源”，创新人才、创新资金、创新政策、创新文化等作为城市创新发展的“供给源”，城市创新系统总是在“需”与“供”两者互馈影响、相互调节的过程中不断发展演化），构建系列评价指标体系与耦合协同发展模型，全面分析城市创新系统空间协同与演化机制，有助于深度挖掘城市创新能力参差不齐的原因所在。

（2）从等级层次的角度摸清长江中游城市群创新发展的区域差异，以及武汉城市圈、长株潭城市群和环鄱阳湖城市群在长江中游城市群的地位。一是通过建构城市创新系统发展指数模型，研究长江中游城市群创新发展的区域差异及等级层次结构体系，基于比较优势理论和产业分工理论实现长江中游城市圈创新协同发展，从而避免创新产业的趋同性发展；二是立足武汉城市圈、长株潭城市群和环鄱阳湖城市群，以城市创新供需系统的指标体系评价框架为基础进行定量分析，以摸清各个城市群在长江中游城市群创新发展中的作用、地位、优势和不足，以期实现从数据层面为武汉城市圈、长株潭城市群和环鄱阳湖城市群的未来创新发展提供有效支撑。

（3）从优质协同耦合的角度为长江中游城市群提高城市创新能力提供理论参考。城市创新系统的良好发展必然要实现城市创新供给系统与需求系统的优质协同耦合。本研究通过揭示武汉市、武汉城市圈以及长江中游城市群城市创新供给系统与需求系统的异速生长规律，理清创新供给系统发展的需求约束因子和创新需求系统发展的供给胁迫因子，以及创新供给-需求间的空间反馈关系，从而对未来长江中游城市群提高城市创新能力提供政策指导。

（4）长江中游城市群创新供需系统的情景模拟。从系统动力学视角，对城市创新供给和需求的两个方面进行模拟的政策分析，并从其反馈机制中探究长江中游城市创新建设的缺点与不足，为长江中游城市群的创新发展和高质量发展提供有效的模拟和预测。

1.2 研究目标与研究内容

1.2.1 研究目标

鉴于长江中游城市群在我国经济社会发展和生态建设中的重要地位，基于长江中游城市群的地理位置、经济发展、社会进步和生态建设情况，以及创新发展在长江中游城市群建设中的必要性，本书旨在根据长江中游城市群创新系统的结构特征，通过将长江中游城市群创新系统解构为需求、供给两个子系统，并通过相关的指标评价方法定量测度长江中游城市群的创新发展水平。然后基于协同学、系统动力学、复杂网络等相关的理论基础和研究方法，厘清长江中游城市群、武汉城市圈、长株潭城市群和环鄱阳湖城市群的创新系统供给-需求的耦合协同的空间演化机理，从时间和空间两个维度对长江中游城市群创新供给和需求系统的演化中分析相应的问题与比较优势。同时，根据长江中游城市群创新发展水平的量化结果及其时间、空间演化机理，进行相应的长江中游城市群创新系统的情景模拟研究。最后根据长江中游城市群创新供给和需求系统评价水平、时间空间演化机理及情景模拟研究结果，提出对应的政策建议和意见，为相应的政策制定者提供决策参考，为相关领域的专家学者提供研究借鉴。本研究的具体内容主要包括以下几个方面：

（1）解构长江中游城市群创新系统为供给和需求两个子系统。城市创新系统涵盖了城市创新需求子系统和城市创新供给子系统两个方面，这两个方面是城市创新系统不可割裂的统一体，是城市创新发展的主要表现形式，是城市创新系统的重要组成部分。本书首先就是要解构长江中游城市群创新系统的供给和需求，从理论上为长江中游城市群的创新发展水平定量研究做好准备。

（2）城市创新系统发展水平和变化规律既要遵循系统论中供给和需求的结构内涵，还必须从定量上度量城市创新供给子系统和城市创新需求子系统的发展水平和变化规律，以探索城市创新系统的实际运行情况。对于较为复杂的创新系统，构建相应的评价指标体系是定量分析创新水平的基础。因此，基于城市创新供给子系统和城市创新需求子系统的定性分析，构建城市创新供需系统评价指标体系，以期定量分析城市创新供需系统的发展情况。

（3）解读城市创新供需系统的时间和空间协同演化规律。在分别进行评价长江中游城市群创新的供给子系统和需求子系统的基础上，长江中游城市群及武汉城市圈、长株潭城市群和环鄱阳湖城市群创新水平的时空演化规律是本研究所要探寻的核心内容之一。本研究将从时间和空间两个角度进行具体分析，并利用一系列时间与空间统计分析方法细化这一协同演化规律，以厘清长江中游城市群创新发展的规律。

（4）剖析城市创新供需系统耦合协同的影响机制。在深入分析长江中游城市群创新供需系统的时间和空间协同演化规律的同时，探究相应的经济因素、社会因素和生态因素等对于长江中游城市群创新系统的耦合协同的影响，并利用一系列计量经济学模型和方法定量分析各个因素的影响方向和影响程度，细化影响机制。

（5）模拟创新供需系统的协同生长趋势。城市创新的供需系统是涵盖了城市供给子系统的基本人力供给、基本智力供给、高校科研机构供给、企业供给、资金供给、产出供给、文化供给、环境供给、设施供给和城市创新需求子系统的经济水平、经济结构、生活水平、人口等要素，通过相互影响、彼此作用、协调发展的统一体，而其发展则具体表现为动态的、螺旋式的跳跃上升。本书通过计量经济学理论基础和相关统计学软件，分别以长江中游城市群的城市创新供给发展水平作为被解释变量，以城市创新的需求发展水平作为解释变量，分析城市创新需求子系统发展对于城市创新供给子系统的影响；以城市创新的需求发展水平作为被解释变量，以城市创新供给发展水平作为解释变量，分析城市创新供给子系统发展对于城市创新需求子系统的影响。在此基础上，细化长江中游城市群创新系统中每个构成要素对两个子系统的具体影响，探究其对整体城市创新系统的耦合作用影响。

基于以上五个方面的研究目标，本研究通过具体的实证分析探究长江中游城市群创新系统中创新需求和创新供给的耦合协调发展问题及协同演化机理，基于实证分析结果和典型案例分析，为长江中游城市群、武汉城市圈、长株潭城市群、环鄱阳湖城市群及武汉、长沙和南昌等城市的创新发展及建设国家创新中心提供技术支持和理论指导。

1.2.2 研究内容

本研究围绕区域创新系统协同创新这一研究内容，并基于长江中游城市群创新供需系统的时空协同演化及情景模拟，拟从五个方面展开研究，包括：（1）区域创新系统协同创新的文献综述；（2）长江中游城市群创新供需系统发展水平的评价；（3）长江中游城市群创新需求子系统和供给子系统的时空演化规律；（4）长江中游城市群创新需求子系统和创新供给子系统间耦合协调发展的机制机理；（5）长江中游城市群创新供需系统的情景模拟研究。具体每个方面所要开展的研究内容如下：

（1）区域创新系统协同创新的文献综述。详细梳理创新发展研究的历史进程和主要领域，从国家创新体系、区域创新体系、创新生态系统、全球创新网络等方面梳理区域创新体系的理论与实证研究，辨析创新体系的要素配置与优化研究的最新进展。从区域创新系统内部产学研协同创新、大学—企业技术转移、区域创新系统之间的协同创新等三个方面梳理协同创新研究现状，揭示当前研究的不足，指出本书研究与现有研究的创新之处。

（2）长江中游城市群创新供需系统发展水平的评价。城市群创新供需系统发展水平的度量需要从供给和需求两个方面展开，包含两个子问题。一是城市创新供需子系统结构的分解，二是基于解构后城市创新需求子系统和供给子系统的发展水平测度方法。对于城市创新供需子系统结构的分解，需要从常用的创新系统分析方法入手，厘清具体要素的构成，如创新投入、创新产出、创新环境、创新文化、创新政策等多角度反映城市群创新供需系统的结构特征。长江中游城市群创新供需系统的结构特征是进行创新发展水平测度的基础，在这一基础上，城市创新需求子系统和供给子系统的发展水平测度则直接关系到本书之后对长江中游城市群创新发展规律的探究和分析。本书内容涵盖了创新系统、区域发展等诸多方面，具体来看，在研究对象方面，包括城市创新供给系统和城市创新需求系统两个子系统，两个子系统之间有着诸多联系，并非完全独立，因而有效区分两个子系统的差异性是深入研究的核心内容；从研究内容来看，城市创新供给系统结构包括“创新资源（人力、资金）供给”“创新政策供给”以及“创新文化供给”等诸多内容，相应的城市创新需求系统结构则囊括了“创新产业需求”和“创新社会需求”等诸多内容。鉴于此，本书必须构建多目标的、多尺度的、多层次的长江中游城市群创新发展的水平测度指标体系，以期对长江中游城市群的创新发展展开有效的定性探讨和定量评估，继而有效量化出长江中游城市群各个城市的创新发展水平，为长江中游城市群创新供需系统的演化规律分析做好理论与数据储备。

（3）长江中游城市群创新供需系统的演化规律分析。基于长江中游城市群创新供需系统发展水平的评价，探索其协同发展的模式、水平、现状和格局是深入厘清长江中游城市群创新发展的逻辑起点。城市群创新供需系统的演化规律分析包括横向和纵向两个维度，其中横向是指长江中游城市群创新发展的时间维度的成长变化，而纵向是指长江中游城市群创新发展空间维度的区域差异研究。本研究以长江中游城市群 2000—2015 年的面板数据为对象，探究长江中游城市群创新供需系统发展历程，厘清新时期城市群创新系统在需求和供给两个方面的协同发展内容和模式，并进行具体的现状刻画和问题分析，为长江中游城市群，特别是武汉城市圈创新供需系统空间协同发展的理论设计与途径选择提供现实依据与经验教训。为此，本问题主要从四个方面展开更为细化的研究，包括：（1）长江中游城市群创新供给和需求两个子系统的二元结构研究；（2）长江中游城市群创新供给和需求两个子系统发展的比较研究；（3）长江中游城市群创新供需系统协同发展的空间格局与区域类型研究；（4）长江中游城市群创新供需系统空间协同发展的特征性规则提取与问题诊断。同时根据研究结果及武汉城市圈创新供需系统空间协同发展的经验教训，总结长株潭城市群和环鄱阳湖城市群应当采用的发展方法及应遵循的发展路径。

（4）长江中游城市群创新供需系统空间协同发展的影响机制研究。长江中游城市群的城市创新系统由创新需求子系统和创新供给子系统共同构成，而根据复杂系统理论，两个子系统作为创新系统的主要构成部分和重要表现方面，二者具有相互作用、彼此影响等特点，其协同发展更是形成了长江中游城市群创新发展的核心内容，推动着长江中游城市群不断向高质量发展，同时长江中游城市群的城市创新需求和供给系统间的不断相互影响、作用、反馈和调节构筑起了区域创新发展的根本动力。长江中游城市群创新供需系统演化过程中是如何协同发展的，以及协同发展水平如何更需要我们进行深入的研究。与此同时，对于长江中游城市群创新供需系统协同发展中的影响因素及其影响效果的研究也十分有必要。本书以这一思想作为切入点，运用系统动力学等相关模型和方法，全面揭示长江中游城市群创新系统在需求和供给两个方面的作用和关联机理，分析二者直接的胁迫制约和协同促进机制，探究二者的反馈方式和作用强度。在分析总结长江中游城市群创新供需系统空间协同发展的影响机制的基础上，进一步为长江中游城市群创新系统的情景模拟研究提供相应的数据支持。

（5）长江中游城市群创新系统的情景模拟研究。本书以长江中游城市群为研究对象揭示其创新发展的同时，还以具象的创新需求和创新供给两个子系统发展现状为基础，通过其现状特点和协同机制预测和模拟长江中游城市群创新的未来发展。在定量测度长江中游城市群创新供需系统发展水平并从时间和空间两个角度分析其演化规律，探究长江中游城市群创新供需系统空间协同发展的影响机制的基础上，展开相应的长江中游城市群创新系统的情景模拟研究。城市群创新系统的图景模拟研究主要包括两个方面：一部分是基于 GIS-CA 模型的城市群创新供给系统空间模拟，另一部分是基于 SD 模型的城市群创新需求系统发展预测，以期构建起未来长江中游城市群创新发展图景。在具体模拟预测过程中，本研究既考虑创新系统演进的一般特征，同时兼顾长江中游城市群创新发展的区域特征和历史演变，并从多个角度和不同侧面分别进行创新系统的研究，根据模拟结果提出相应的政策建议和解决方案。

2 相关研究综述

2.1 创新发展研究文献综述

2.1.1 国外研究综述

早在1776年，著名古典经济学家、经济学的主要创立者亚当·斯密（1723—1790）就在其著作《国民财富的性质和原因的研究》中对科技创新及由此带来的经济增长进行过阐述，此后，马克思在其《资本论》中对资本主义的崛起进行了回顾，认为从手工作坊向蒸汽机的技术进步使得资本主义迅速崛起，技术创新作用功不可没。创新经济学鼻祖、美籍奥地利经济学家Joseph A. Schumpeter（1995）是第一个从经济学角度来研究“创新”的学者，在1912年的《经济发展理论》中，他以“创新”来解释经济周期和经济发展。20世纪60年代以后，科学技术迅猛发展及网络技术不断发展，大量的国家以创新为手段，实现了经济的跨越式增长和社会的巨大进步，而这一经济社会发展现象已经不能再用传统的资本、劳动力等要素简单地加以解释。至此，经济学家开始对技术与经济发展的关系产生了兴趣，研究的重点转向技术创新上，一系列关于创新的研究也相继展开。

（1）企业和产品领域的创新研究。早期关于创新的研究大多集中于企业和产品。Francis和Smith（1995）考察了企业所有权结构与创新之间的实证关系，并检验了拥有高度集中管理所有权或外部投资者持有的重大股权模块的公司，其创新性较低的假设；Holthausen，Larcker和Sloan（1995）检验了分部首席执行官的薪酬结构是否与该部门内的后续创新活动相关，以及分部首席执行官的薪酬是否构成该部门面临的预期创新机会的函数，并采用联立方程方法，将预期创新机会集和分部管理人员薪酬合同都视为内生变量，发现适度证据表明，与长期成分挂钩的总薪酬比例与未来创新呈正相关关系，但没有证据表明这一比例与预期的创新机会集有正相关关系；Archibugi，Evangelista和

Simonetti（1995）发现在具有高技术机会的部门以及总体水平上，企业规模与创新强度之间存在正相关关系，并在一组受限制的意大利大公司的实证中验证了这一关系；Damanpor（1996）认为虽然官僚制对创新的负面影响是由组织研究人员给出的，但用于描述官僚制与创新之间关系的现有模型通常非常简单，因此他开发和测试了更详细地解释官僚—创新关系变化的理论，然后使用多变量元分析程序，针对过去30年中关于组织创新的已发表研究数据对这些命题进行测试；Gima（1996）对澳大利亚158家制造企业和117家服务企业进行实证研究，以研究市场导向对创新特征和绩效的影响，结果表明市场导向与创新-营销契合度、产品优势和跨职能团队合作等创新特征有显著关系，但与产品新颖性和创新技术契合度无关，此外在控制了这些创新特征的影响之后还发现，在产品和服务创新样本中，以其对公司的中间利益来衡量，市场导向对创新项目的绩效作出了重大贡献，而按销售额和利润表现衡量，它对市场成功影响不大；Wakelin（1998）考虑了创新在决定英国公司样本（包括创新公司和非创新公司）的出口行为中的作用，发现了决定因素在创新企业和非创新企业之间存在差异，其中非创新型企业比同等规模的创新企业更有可能出口，但过去的创新数量对创新型企业出口的可能性产生了积极影响；Veugelers和Cassiman（1999）使用来自欧盟统计局社区创新调查（CIS）的比利时公司数据，对制造企业的创新战略进行了描述，并研究了创新战略与行业、企业和创新特定特征之间的关系，发现除了解释创新的重要规模效应之外，高感知风险和成本以及创新的低专用性并不会阻碍创新，而是决定如何选择创新采购策略，小公司更有可能将其创新战略限制为独家制造或购买策略，而大公司更有可能将内部和外部知识获取结合到他们的创新战略中；Dou和Dou Jr（1999）讨论了在中小企业中发展创新和获取竞争情报或竞争技术情报方面的各种可能行动，总结出了小公司从两个方面引入创新的评论、研究成果以及讨论，其中第一个是基于通过创新管理技术与中小企业相结合，第二个是以尽可能最好的方式将顾问的行动、信息系统和竞争情报态度融入到中小企业的愿景中所需的吸引力方法；调查了20世纪80年代美国和日本的大公司的研发支出（公司和行业）、公司规模和销售业绩之间的关系，发现美国公司的国际销售弹性对公司研发支出的影响要高于样本中的日本公司，高科技行业的美国公司似乎不如日本的相应公司更具国际导向，美国公司似乎并未从其自身行业内的竞争对手的创新中获益，而样本中的日本公司似乎从其他公司的创新中获益，特别是在出口销售方面；Lambertini和Orsini（2000）在具有垂直差异的垄断模型中分析产品和流程创新，认为在社会规划下对两种创新的激励总是比在垄断下更大，两种制度的福利表现之间的比较应该考虑到规划者和垄断者采用不同技术并提供不同产品范围的可能性；Kano（2000）研究了技术创新与标准化之间的关系，并以移动通信为例引出了标准化在创新过程中的最佳作用，认为标准化的一个重要作用是将脱节的技术创新同步到系统创新中，从而创造一个新的市场；Yorukoglu（2000）研究了产品和工艺创新对经济波动的影响，认为在生产率低于可用品种数量的情况下，工艺创新增加了经济活动，而产品创新的影响并不显著，但如果可用商品的不同品种数量与生产率相比较少，并且下限消费约束受到限制，则流程创新可能是紧缩的；Wan，Ong和Lee（2005）使用来自新加坡71家公司的数据，研究了公司创新与其潜在决定因素之间的关系，发现分散结构之间存在正相关关系，并认为创新很重要，同时有承担风险和交换意见的意愿；Santo等人（2014）使用综合数据库分析了巴西创新与企业绩效之间的关系，分析与创新投资相关联的变量与公司的创新努力相关，并不能显著解释财务业绩；使用概率和轨道回归模型考察了尼日利亚公司创新的决定因素，分析投资研发、正规培训、公司规模、出口状况、竞争对手、地点、类型和行业、公司活动都会积极推动企业创新的倾向，而公司的年龄和员工教育对创新的机会产生负面影响。

（2）行业方面的创新研究。随着研究范围的扩大和研究对象的增加，创新的研究开始从企业和产品转向对于行业的研究，专家和学者也更倾向于检验创新在某一种或几种行业中的作用。Martinez和Briz（2001）探讨了西班牙食品饮料行业的创新表现，突出了西班牙F&D公司中创新活动的“进化”而非“革命”性质，并强调了内部技术能力在创新绩效中的重要性，西班牙F&D公司“真正”创新的概率越高，其技术自治水平越高；Bagchi-Sen（2001）探讨了加拿大安大略省南部的尼亚加拉地区不同级别的报告产品创新的中小企业之间的异同，发现声称追求产品创新的中小企业在总销售额和出口销售方面表现更好，与创新水平较低的中小企业相比，具有更高产品创新水平的中小企业将研发工作的扩展、渐进式创新、新产品开发和新的出口市场发展视为重要的创新过程；Stock，Greis和Fischer（2002）使用来自计算机调制解调器的行业数据，研究了企业规模与动态创新之间的关系，发现计算机调制解调器行业的小公司表现出更高水平的动态创新绩效；考察了加拿大生物技术行业的研发强度、创新措施和业务绩效之间的关系，发现研发强度与专利测量相关，而在新产品推出方面衡量的创新与业务绩效相关（Linda，2002）；Casper和Matraves（2003）分析了治理结构如何影响德国和英国领先的制药行业公司的创新能力，探索了国家制度框架的变化如何影响创新过程，从而影响相对绩效；Kaufmann，Lehner 和 Tödtling（2003）对奥地利公司的调查，研究互联网如何改变公司的创新网络，以及新型合作伙伴和网络的空间扩展；Pamukcu（2003）利用工厂层面的数据，估计了 1989—1993 年土耳其制造业公司的创新决策的决定因素，发现贸易自由化对创新决策的积极影响主要通过进口机械所体现的技术传递；Orfila-Sintes，Crespí-Cladera 和 Martínez-Ros（2005）利用巴利阿里群岛（西班牙）的大型酒店样本数据，发现高档酒店比低档酒店更具创新性，对于属于连锁酒店的酒店而言技术创新的综合衡量标准的比率高于管理合同中的酒店。

（3）经济方面的创新研究。更大范围地，专家学者把研究对象从企业和行业转向更高维度的经济发展，探讨科技创新对于经济发展的影响。Martin 和 Scott（2000）将创新市场失灵的来源与部门创新的主导模式联系起来，并概述了针对创新市场失灵的特定来源的公共支持创新的机制；Andergassen 和 Nardini（2005）分析了经济的内生平衡增长路径以及与之相关的创新短期波动；Boymal，Martin 和 Lam（2007）对越南的互联网创新进行了分析，认为取得适度成功的主要原因之一是互联网创新政策更多地受到意识形态政治的影响而不是社会经济现实主义，为了进一步推动越南融入世界经济，建议政府放弃控制权并解放该部门以产生真正的竞争；Karagiannis（2007）使用 1990—2003 年欧盟的动态面板数据增长模型，通过对有关完整样本的增长经验相关分析，以及对由高收入和低收入成员国组成的两个分组的实证检验，证明了来自国外的 R&D 支出显著和积极地影响 GDP 增长率，人力资本教育特征和信息与通信技术（ICT）投资也是如此；Metcalfe 和 Ramlogan（2008）认为如果发展是一个由经济内部引起的自我转变的问题，那么创新必须在这个过程中发挥核心作用，因此必须具备经济发展、整合和适应新颖性的能力，这是自我维持发展概念的核心，也是发展成为一种新兴现象的原因；利用 1992 年至 2004 年间 25 个指标和 115 个国家的数据因子分析，确定了创新体系、政府水平、政治体系和开放程度四种不同类型的“能力”，并验证了创新体系和政府显示出对经济发展特别重要；Bye，Fæhn 和 Heggedal（2009）探讨如何设计小型开放经济中的创新激励措施，以实现最高的福利和增长，通过开发的可计算一般均衡模型发现尽管经济增长强劲、专利数量更多、研发在总产量中的份额更高，但直接研发支持产生的福利略少于补贴资本品种的形成；Johannessen 和 Olsen（2010）认为领导者需要放弃专注于在旧工业经济的心理模型、系统和组织解决方案中开发创新和价值，以及以企业和产品为中心的价值观，相反他们需要专注于为新连接和互联的客户提供量身定制的产品和服务，可以通过个性化的即时反馈，新的组织逻辑和新的合作结构来实现促进全球知识经济中的创新和价值创造；Hausman 和 Johnston（2014）借鉴了理论文献和当代媒体报道，为创新对经济的重大影响及其在拉动美国经济摆脱金融危机方面的潜在作用奠定了基础，并讨论了避免未来经济困难的意义；通过深入的定性分析，我们研究了巴基斯坦与日本和中国领先的摩托车装配商合作的摩托车零部件供应商，发现在不利的经济形势下，地方制度因素只能维持剥削性创新的发展。同时，强调了全球网络作为平衡战略的重要性，这种战略是为了在后期自由化经济中为企业进行探索性创新提供帮助。

（4）生态环境方面的创新研究。随着人口的爆发式增长，经济发展不得不消耗大量的资源，同时也伴随产生了一系列的生态环境问题，而创新可以在一定程度上使得经济和生态环境共生发展，因而近年来创新在生态环境中的研究成果大量涌现。Murphy 和 Gouldso（2000）通过对综合污染控制（IPC）的实施影响进行的实证评估，验证了生产方对创新理论的理解程度以及相关监管对于其在自身开发和应用创新生产技术解决环境问题上具有鼓励性作用的观点；Christiansen（2001）通过评估挪威二氧化碳税（挪威气候政策的关键工具）对上游石油作业技术创新的影响，发现二氧化碳税的引入为创新提供了一些动力，这些创新将石油业务转移到了排放较少的方向，而技术变革的模式主要涉及渐进式流程创新、累积改进以及已有技术的改进；Brunnermeier 和 Cohen（2003）采用面板数据模型来研究美国制造业的环境创新如何应对 1983 年至 1992 年期间污染减排支出和监管执法的变化，发现环境创新对污染减排支出的增加做出了回应；探讨了公共研发（R&D）支持对丹麦、德国和英国（英国）风力发电场的成本降低创新的影响，发现在丹麦研发政策在促进风力涡轮机创新方面比德国或英国更成功，（补贴诱导的）产能扩张在英国和丹麦推动降低成本的创新比在德国更有效；Conceição，Heitor 和 Vieira（2006）利用葡萄牙社区创新调查的数据，使用简单的统计检验，发现解决环境问题的创新研发与公司的规模和出口份额呈正相关，与其技术含量呈负相关，而由于环境问题而引入创新的公司可能属于经济集团，可以进行持续的研发或获得公众支持；将过去创新在促进减少平流层臭氧破坏中所发挥的关键作用与澳大利亚通过创新为解决人为全球变暖和气候变化问题作出的现有贡献进行了对比，发现信息技术在通过生态创新促进可持续性技术和社会创新方面的强大潜在作用，并在已经开发的技术潜力的背景下讨论关键战略原则；Demirel 和 Kesidou（2011）采用了 OECD 框架研究了外部政策工具和内部企业特定因素在刺激三种不同类型的生态创新中的作用，发现表明这些生态创新是由不同的外部政策工具和内部企业特定因素驱动的，而除了政府引发的监管外，市场因素（主要是节约成本）可以有效推动环境研发，ISO14001 认证可有效加强环境管理系统对管道末端技术和环境研发的积极影响，而企业社会责任政策对激励任何生态创新都没有重大影响；Triguero，Moreno-Mondéjar 和 Davia（2013）探讨了欧洲中小企业不同类型的生态创新的驱动因素，发现供应方、需求方和监管因素在鼓励采用不同类型的生态创新方面的不同作用的经验证据，那些重视与研究机构和大学合作以及绿色产品市场需求增长的企业家在各种生态创新中都更加活跃，而与环境产品创新相比，供应方因素似乎是环境过程和组织创新的重要推动力，市场份额只对生态产品和生态组织创新产生显著的积极影响，而节约成本对于生态过程创新而言是重要的，优先考虑现有法规会影响生态产品和生态组织创新而预期法规和获得补贴和财政激励措施对欧洲企业层面的生态创新决策没有任何重大影响；Marin（2014）通过主要使用意大利制造企业的行政数据而不是调查数据来调查环境创新的驱动因素（用环境专利衡量），研究了污染严重的工厂将其创新战略偏向于环境技术的程度，将环境创新的回归与其他创新相比较以间接评估环境创新的挤出效应的存在，发现污染企业的创新努力明显偏向于环境创新，而环境创新倾向于挤出其他更有利可图的企业（至少在短期内）创新；Gilli，Mancinelli 和 Mazzanti（2014）研究了采用环境创新措施与其他技术和组织创新之间的互补性，通过合并新的欧盟创新和 WIOD 数据，以评估欧盟范围内对行业二氧化碳性能的创新影响，发现共同采用不同的创新并不是环境生产力提高背后的普遍因素，尽管互补性并非悬而未决，但产生“创新互补”的是将生态创新与产品创新相结合的制造业；Vivanco，Kemp 和 Voet（2015）使用动态 IPAT 生命周期评估与环境反弹效应和 DILER 模型，通过比较欧洲的替代宏观水平情景（有和没有创新）来评估 7 种所谓的运输生态创新的环境优势，结果显示 7 项研究创新中仅有 3 项具有环境优势，而大多数创新实际上引起了各种环境压力的增加，这种增加主要归因于普遍值得注意的环境反弹效应的影响，而反弹效应的幅度与两个变量高度相关，一个是使用创新产生的有效收入的总变化，另一个是研究创新的每个货币单位的环境压力与其他消费的环境压力之间的差异；Costantini 等人（2017）强调跨部门联系在塑造生态创新对部门环境绩效的影响方面的作用，并证明了生态创新的直接和间接影响有助于减少环境压力，并且这些影响的强度在整个价值链中变化，取决于所采用的技术和受到审查的污染物类型；Garcia，Wigger 和 Hermann（2019）基于丹麦海事行业六年内开展生态创新网络的嵌入式案例研究，确定了挑战并将其与价值创造和价值获取的影响联系起来，发现公司和合作伙伴在创新方法上的创新性和保守性都低于之前在开放式创新合作伙伴关系中所观察到的结果，企业不太愿意将资源和知识用于共同创造，从而对社会和环境的整个网络价值捕获产生负面影响。

2.1.2 国内研究综述

国内关于创新的研究起步较晚，但也大致经历从企业产品到行业，再到经济生态环境建设相关创新的研究历程。不同于国外研究，国内对于企业产品和行业创新的研究较少，而对于经济和生态创新的研究较多。

在行业方面，Jefferson et al.（2003）利用中国22000家大中型企业1994—1999年的数据，发现了一个快速多元化的所有制结构，其中国家的作用正在逐步退缩，与此同时各种所有制类型的绩效指标存在相当大的差异，创新在此过程中作出了巨大的贡献；考虑了7个创新能力维度（学习、研发、制造、营销、组织、资源分配和战略规划）的作用以及3个公司特征（国内市场份额、规模和生产率增长率），并以213家中国工业企业的出口业绩为基础，发现除制造能力外，出口增长与创新能力维度的总体改善密切相关，生产率增长率显著提高或提高了出口业绩；仅核心创新资产（一组研发、制造和营销）无法实现可持续的出口增长，相反补充创新资产（一组四个其他维度）不仅使公司的技术资产能够渗透到整个能力整合中，而且还使公司获得可持续的国际竞争力成为可能，同时强调各种创新资产的相互作用和协调是提高中国企业国际竞争力的首要因素。

在创新与经济发展的关系方面，Zeng（2001）开发了一个多部门动态一般均衡增长模型，其中创新提高了产品质量，模仿扩大了产品种类，创新和模仿可以同时在同一部门发生，在如此发展的分析框架内发现：（1）补贴创新和模仿税收在模仿效果方面不一定相同，（2）创新补贴总是加速经济增长，而模仿补贴总是相反，（3）创新和模仿补贴的福利效应含糊不清；张小兰（2002）将创新与经济增长的质量进行分析，研究发现经济的低质量增长是由于技术创新支持系统的尚未完全建立等原因导致的，应当从加大政策支持引导力度和培养创新人才等方面入手；陈建青和扬甦华（2004）认为创新必须在一定的社会经济、制度保证下进行，制度安排和经济增长为创新提供了制度支持和经济支持；制度变迁是创新和经济增长的结果，同时它又成为创新和新的经济增长的出发点；考察了我国1988—2008年不同类型专利对经济增长方式的影响，发现发明专利在1998—2008年对全要素生产率的影响远大于实用新型和外观设计专利，论证了原创型创新对现阶段我国经济增长方式转变的重要性。

在创新与生态环境建设方面，Zhen（2011）提出了对中国省级生态创新能力的评价，涉及交易开放度、工程师和研发人员的比例、研发支出强度和减少污染的投资四个关键因素，在使用基于数据包络分析的实证研究后，发现中国所有省份中有2/3具有相对较强的生态创新能力，充足的人力资源和污染控制投资可以显著促进生态创新能力提升，然而为了寻求生态创新能力的提升，促进生态创新能力，贸易开放的因素不能再被忽视；Cai和Zhou（2014）使用分层回归分析，根据经验确定影响中国企业采用生态创新的主要因素，发现生态创新是由内部和外部驱动因素的混合引发的，在中国环境法规、客户的绿色需求和竞争对手的外部压力通过内部驱动因素影响生态创新，拥有更高效外部网络的公司倾向于开展更多生态创新活动；对245家中国企业进行了回归分析，结果显示组织生态创新最为常见（比例为38.3%），其次是过程生态创新（占32.7%）、产品生态创新（占16.3%）、末端生态创新（占12.7%），不同类型的生态创新确实对环境绩效和竞争力产生重大影响，企业规模对环境绩效和竞争力有不同的影响，与前者显著正相关，而与后者无关，环境监管对企业的环境绩效和竞争力产生积极影响，而环境监管的实施只会显著影响企业的环境绩效而非竞争力（Dong和Wang）；Yang和Yang（2015）首先构建了一个综合分析框架来评估作为生态创新代表的能源和环境绩效的变化，然后研究中国生态创新收益的跨期变化以及区域差异，研究了中国在2006—2010年期间实施的节能减排（ESER）政策中的生态创新收益，发现在实施一系列ESER政策时，中国在2006—2010年期间加快了生态创新进程，先进节能和环保技术的发展和广泛采用是主要推动力，而提升管理技能和组织设计的贡献相对较小；Yu（2016）将全球环境技术、前沿方法和非径向Luenberger生产力指标相结合，提出了一个全球性的边境Luenberger生产力指标（GMLPI），并将区域异质性纳入环境生产力增长分析，以调查中国典型生态文明区之一鄱阳湖生态经济区（PLEEZ）对区域环境全要素生产率增长的影响，利用2009年至2013年期间的县级数据对PLEEZ进行了实证研究，发现环境生产率增长平均增长8.71%，增长主要受技术变革的推动；Cai和Li（2017）使用从442家中国公司收集的数据来调查驱动因素，探索了生态创新行为和公司绩效之间的关系，发现某些因素（即技术能力、环境组织能力、基于市场的工具、竞争压力和客户绿色需求）有助于生态创新的发展，竞争压力为企业提供了采用生态创新的最大动力，其次是基于市场的工具、技术能力、客户绿色需求和环境组织能力，并认为基于市场的工具有效地促进了生态创新，而指挥和控制工具却没有，生态创新行为可以显著提高企业的环境绩效，并通过环境绩效对其经济绩效产生积极影响，这些发现支持“波特假设”，并对决策者和业务经理都有一些影响；You，Zhang 和 Yuan（2019）以波特假说为基础，利用 2004 年至 2015 年中国工业企业 1962 年的面板数据，实证检验了环境规制对企业生态创新的影响以及财政分权和政治竞争的调节作用，发现在没有中国财政体制和政治推动体系影响的情况下环境规制可能会极大地促进企业的生态创新以及企业的生态投资和生态规划创新，在中国财政分权制度的影响下环境规制对企业的生态创新以及企业的生态投资和生态规划创新产生了显著的抑制作用；基于四螺旋结构的开放式创新系统分析框架，利用 2010—2015 年省级面板数据构建创新生态系统评价指标体系并加以评价，发现中国创新生态系统日渐完善，但企业与科研机构创新能力仍然偏低（姜庆国，2018）。

2.2 创新系统研究对象综述

2.2.1 国家创新系统

20 世纪 70 年代英国著名经济学家 C. Freeman（1991）提出了“国家创新体系”的概念，国家创新系统的研究重视国家特定因素对于技术变迁过程的重大影响（冯之浚，2000），而人们不断意识到创新是一个系统过程。此后，创新的研究大多开始注重系统层面的分析，并取得了一系列成果。

Jaffe（2000）调查了美国过去 20 年来发生的专利政策和实践的重大变化，并回顾了经济学家现有的分析，试图衡量这些变化对技术变革过程的影响；Foo（2000）通过在新加坡培养技术创业者来研究新兴的社会创新运动，并主张大型上市公司应当将技术创业的社会化作为企业创新和技术战略的一部分；Pettigrew，Massini 和 Numagami（2000）在比较 1992 年和 1996 年的创新组织形式时，调查结果显示欧洲和日本组织之间的变化方向有一些相似之处，但起点不同，欧洲的创新速度通常比日本快得多，这种日本更加渐进的变化模式和欧洲更激进的变化，都是由于两个地区的企业通过同时改变其结构、流程和边界来寻求新的组织形式的倾向；Koschatzky，Bross 和 Stanovnik（2001）利用斯洛文尼亚共和国进行的工业创新调查的实证数据，分析了斯洛文尼亚制造业的结构特征及其创新行为，发现虽然 1994 年至 1996 年间公司的创新比例很高，但通过创新网络的互动学习过程仍未得到充分利用；基于一系列关于欧洲“政治制度”和“创新体系”共同演化的假设，Kuhlmann（2001）推测了创新政策的未来治理，试图为实证分析铺平道路；基于土耳其制造业2100家公司的全国技术创新活动调查的初步结果，Uzun（2001）的研究结果表明创业活动在拥有大量就业的公司中更为普遍，在制造业的某些部门60%~80%的企业从事创新活动，提高产品质量和开拓新市场是创新活动主要目标的重中之重，内部研发成为协助创新活动的主要信息来源；Basile（2001）分析了意大利制造企业在不同汇率制度下的创新与出口行为之间的关系，发现创新能力是非常重要的竞争因素，有助于解释意大利企业出口行为的异质性，然而汇率贬值降低了技术竞争力对出口的重要性，因为它也允许非创新型企业进入国外市场；Belderbos（2001）考察了231家大中日本电子企业的专利和海外子公司数据，分析了国外研发（R&D）活动的特点和决定因素，发现许多中型企业拥有高度国际化的研发业务，而大多数大型日本电子企业仍然强烈依赖国内研发，对海外创新数量的企业层面决定因素的统计分析确定了研发强度、出口强度、海外制造强度、海外绿地制造子公司的运营经验以及海外制造业收购的相对重要性的积极和显著影响，同时发现企业规模与海外创新之间的非线性关系；Souitaris（2001）采访了105家希腊制造公司，测量了其创新率以及23种潜在的“外部沟通”决定因素并使用相关和回归分析，最初的23个因子组被简化为10个“重要”创新决定因素的子集，发现搜索产品特定信息对于创新比扫描更普遍的市场和技术信息更为重要，且与合作组织的合作对于创新而言比与协助组织的合作更为重要；Trajtenber（2001）借助非常详细的专利数据，展示了过去30年来以色列创新的特写肖像，发现以色列专利申请在20世纪90年代初出现大幅跳跃，反映了政策和相关投入的可用性的潜在“冲击”，同时以色列专利在收到的引用方面具有良好的“质量”；以泰国为案例研究，发现与发达国家相比，泰国国家创新系统的发展水平与其经济结构发展水平无关，且随着泰国从农业转向日益工业化的经济，其国家创新体系仍然薄弱且分散，两者之间的不匹配影响了泰国的竞争力，并且部分地促成了最近的经济危机；Foxon等人（2005）分析了英国目前的一系列新能源和可再生能源技术创新体系，并提出了改善这些创新体系有效性的政策建议；Dayasindhu和Chandrashekar（2005）分析了印度的遥感计划，着眼于组织创新之间的联系，认为创新创造了满足国内需求的世界级能力和创新能力，以改变更大的国家体系；开发了一个理论结构模型，代表了生态创新驱动因素的五个潜在变量对环境绩效的影响，并根据对马来西亚绿色科技公司的调查，分析发现遵守环境法规是该模型中最强的预测因子，市场焦点和所用技术被确认为对环境绩效产生积极影响的驱动因素，生态创新的价值使公司能够应对市场竞争者的挑战；

Sanni（2017）根据尼日利亚创新调查的实证数据，研究得出了尼日利亚制造业生态创新的决定因素，虽然生态创新制造企业通常更具技术性和高度创新性，但产品和工艺生态创新的决定因素是异质的；Dewick，Maytorena-Sanchez和Winch（2019）通过探索在再生发展背景下构成高质量监管的内容来扩展有关监管和生态创新的文献，详细阐述了如何通过更广泛的背景条件促进或阻碍再生生态创新，探讨了监管框架和更广泛的背景条件在促进或阻碍再生生态创新方面的作用。

在国内，Liu和White（2001）提出了一个分析创新系统的通用框架，该框架适用于中央计划和改革以来中国国家创新体系的比较，揭示了该体系不断演变的结构和动态，以及政策制定者为实现其发展目标必须解决的当前不一致和不正当激励；通过分析科技改革对中国国家创新体系（NIS）的影响，发现科技改革在激励大学和研究机构（URI）、建立企业创新能力、促进URI产业方面是有效的，但对中国科技体系的担忧依然存在，从长远来看，科技改革的影响需要进一步研究；Wang和Kafouros（2009）根据最近构建的中国行业级数据集测试框架，实证分析表明它在解释创新绩效变化方面具有重要作用，发现国际贸易、外国直接投资和研发等因素并不总是会产生积极影响，相反它们的影响受到技术机会和外国发展水平的影响，这意味着之前关于国际贸易、外国直接投资和研发的作用的混合调查结果可能是对调节创新之间关系的因素的不完整理论化的结果；Hung（2009）提出了一个基于国家创新体系概念的模型作为研究印度和中国IT产业创新的政策框架，用于分析印度和中国IT行业的创新，该框架表明，印度和中国的IT产业具有独特的特征，但它们也有许多互补的特征；从国家创新体系理论出发，建立了包含要素、主体、关联、产业、区域、环境、开放和反馈的科技创新政策体系框架，在此基础上对我国政策实践进行了梳理和分析，并提出下一步政策发展的若干思考（贺德方，2019）。

2.2.2 区域创新系统

继国家创新系统研究之后，区域创新系统引起了国内外学术界的普遍关注。区域创新系统概念最早是由英国卡迪夫大学的P. Cooke（1996）在1992年提出来的。而后区域创新系统的研究不断展开，早期具有代表性的研究和观点包括：Wiig（1995）认为区域创新系统包括生产企业等多个方面；Asheim和Isaksen（2002）认为企业和制度结构共同构成了区域创新系统的主体。

此外，针对具体区域创新系统的实证分析开始萌芽，国外关于区域创新的研究大量展开：Evangelista 等人（2001）根据意大利案例提出的证据表明，评估社区创新调查（CIS）数据和一系列拟议指标能够量化不同区域对国家创新体系的贡献，确定区域的不同技术概况并衡量广义上区域系统的技术性能，即区域产业的基本结构特征、企业的创新绩效以及主要机构参与者之间系统性相互作用的密度和质量；Love 和 Roper（2001）对英国、德国和爱尔兰工厂在研发、技术转让和网络方面的投资以及它们对工厂创新活动的程度和成功的影响进行建模，发现英国、爱尔兰和德国的公司和工厂具有更强大的外部联系（协作网络或技术转让），从而产生更大的创新强度；Korsching，El-Ghamrini 和 Peter（2001）研究了爱荷华州的农村电话公司以及与采用创新电信技术和服务相关的组织特征和环境因素发现，农村电话公司参与当地发展活动对区域技术创新很重要，这表明当地领导人应该寻求电话公司管理人员参与社区发展活动；Chung（2002）强调区域创新系统的概念是产生有效的国家创新系统的良好工具，因为它可以有效地在不同地区创建不同的部门创新系统，并在此理论综述的基础上，从创新主体的映射角度分析了韩国的区域创新体系；Freeman（2002）以 18 世纪的英国、19 世纪下半叶的美国以及 20 世纪追赶国家的创新体系为研究对象，讨论了经济区域增长率的变化以及可能归因于"创新体系"的变化程度；Bottazzi 和 Peri（2003）使用欧洲地区 1977—1995 年的研发和专利数据，发现溢出效应非常局部化，仅存在于 300 公里的范围内，在一个地区加倍研发支出将使 300 公里范围内的其他地区的新创新产量增加 2%～3%，同时将该地区自身的创新增加 80%～90%；Therrien 和 Mohnen（2003）将法国、德国、爱尔兰和西班牙四个欧洲国家与加拿大进行比较，发现所有研究国家的一些共同趋势，即高科技行业的企业比其他行业的企业更具创新性，并且从创新中获得更大的收入份额，而大公司往往更具创新性；Agrawal 和 Cockburn（2003）研究了三个技术领域的大学研究和工业研发的地理位置，开发并检验了一个大型本地研发密集型公司和一个主要租户的存在增强了区域创新系统，使得当地大学的研究更有可能被当地的工业研发吸收并刺激当地的工业研发的假设；Howells（2005）探讨了与创新政策和地区相关的一些对比观点，并试图强调其对政策的影响；分析了创新的空间格局、区域相互依存和演化，以及它在决定西班牙地区本土创新中的作用，发现不仅地方能力与决定国内创新有关，而且与空间创新溢出有关，这主要是由于高等教育和公共行政的努力；Ghisetti，Marzucchi 和 Montresor（2015）使用欧盟 11 国 2006—2008 年社区创新调查（CIS）数据，论述了环境领域的开放式创新模式，并研究了知识采购对企业环境创新（EI）的影响，发现知识采购对两种类型的EI绩效都有积极影响，然而广泛的采购策略揭示了一个阈值，超过该阈值，引入EI的倾向减少，吸收能力通常可以帮助企业将广泛采购的外部知识转化为EI，而内部创新能力和知识社会化机制似乎削弱了通过深层外部互动所产生的知识的EI影响；通过社区创新调查（CIS 2008）分析了19个不同欧洲国家的生态创新决定因素，发现对于东欧国家而言，监管活动和与环境相关的补贴似乎比“富裕”的西欧国家更为重要，东欧国家更多地依赖竞争对手和外部研发作为信息来源，这表明技术从西欧向东欧转移（Jens Horbach，2016）。

在国内，区域创新研究起步较晚，但取得了丰硕的研究成果。Sun 和 Liu（2010）采用区域专业化系数（RSC）方法，从1999年至2006年的8个大经济区（8LER）的角度分析了中国国家创新体系（NIS）的结构转型，认为中国创新体系的区域结构符合国家层面的宏观结构，而区域性RSC的各种变化模式影响着不同的区域，中国中央政府仍然是改革“中国特色”创新体系的主导力量；Zhu，Zeng 和 Zhou（2011）建立了一个包含创新者、创新资源、经济环境和技术环境的四个方面评价指标体系，然后利用生态适应度模型将31个中国省份的区域技术创新适应性水平建立为方阵，并利用公共数据对各省技术创新适应性和经济增长进行回归分析，发现区域技术创新适应性与区域经济增长之间存在相关性，技术创新适应性越高，技术创新对经济增长的贡献越大；Chen 和 Guan（2011）通过中国的第十个五年计划期间的相关数据构建一个丰富的省级年度面板数据集，使用新颖的分析框架来检测和解决中国区域创新系统（RISs）在功能结构有效性方面的周期性运行状态，发现除“创新联动”和“创新成熟度”外，中国的RIS在大多数功能结构的表现方面表现良好，而从系统思维的角度来看在情境创新环境与创新过程之间的互动效应方面中国的RIS则表现不佳；Johnson 和 Liu（2011）利用中国的技术公司数据作为最终因变量来反映中国的区域技术业务活动，通过区域审查授予的先前专利和技术市场合同，发现技术市场似乎以技术公司数量的形式在各地区的专利和技术商业活动之间的关系中发挥调节作用，技术市场是专利与各地区技术商业活动之间关系的有效联系，它将专利技术从创建它们的地区分配到使用它们的地区；Shang，Poon 和 Yue（2012）将空间自回归模型应用于中国各省，检验了区域知识溢出对2001年至2008年中国创新增长产生积极影响的假设，发现区域知识溢出效应对设计、发明和实用专利产生了有利影响，表明创新相邻省份的邻近地点有助于提高一个省的创新能力，研究机构和大学的研发支出和技术人员对发明和实用专利产生积极影响，政府在提高自主创新能力方面发挥了有利作用；Zhao 等人（2013）提出利用 AHP 方法分析政府、大学、研究机构和企业的创新活动，然后利用聚类分析来分析每个地区的四个参与者，并讨论了使用这种改进的分析方法的结果，以及对未来研究和政策及决策的影响，以提高区域创新系统的绩效；Li（2015）借鉴经济地理学和区域创新系统的见解，基于 2009 年在 30 个省级中国地区覆盖 29 个两位数 SIC 制造业的数据集，考察了产业集聚是否以及如何影响其创新产出，重点关注区域制度在中国背景下的重要性，发现中国地区确实存在行业内的专业化外部性。这些影响进一步受到区域制度因素的影响，表明本地化经济的好处取决于各地区机构的发展；Wei，Zhang 和 Wei（2015）根据地理位置和研发强度两个维度，对 2008 年至 2012 年间中国规模以上企业的专利申请进行了实证分析，发现中国专利比日本，美国和欧洲更具弹性，中国省级创新能力差距整体缩小，中部地区和西部地区差距继续扩大，区域创新绩效也会受到专利申请费和研发投入的影响；Chen，Cheng 和 Dai（2017）通过构建测度指标体系，对 2000—2014 年中国 30 个省份的区域生态创新水平进行了评价，并研究了影响中国区域生态创新的因素，发现在观察期内，生态创新水平总体上显著提高，而生态创新指数的区域比较显示出从东到西的明显逐渐减少的分布格局，技术推动、市场拉动和环境监管拉动等因素对中国以及东部、中部和西部地区的生态创新产生了积极但有区别的影响。

2.2.3 城市创新系统

随着研究的继续深化，城市创新系统愈来愈得到学术界的关注。区域创新的研究已经不能满足人们对不同城市的探索，专家和学者把研究的目光转向了城市。Mega（2000）介绍了欧洲城市群可持续发展的创新行动，该计划由作者在欧洲改善生活和工作条件基金会（位于都柏林的欧盟机构）介绍和管理，包括确定和描述有利于经济、社会的可持续性的创新城市项目；Quadros 等人（2001）发现 1994—1996 年圣保罗大量采用新的技术或改进的产品和工艺，通过对圣保罗工业公司的创新绩效进行检验，揭示了圣保罗工业企业与工业化国家的工业企业之间的距离在研发活动方面更为显著；Kangasharju 和 Nijkamp（2001）基于开发的粗糙集分析领域的定性影响方法，通过 logit 分析模拟相关局部因素对创新的影响，发现欧洲各个城市的工业生命周期的连续阶段往往会对企业的创新产生空间可识别的影响；Chen 和 Kenney（2007）通过对北京和深圳技术集群发展的比较，探讨了大学和研究机构（URI）在中国经济发展中的作用；Caprotti（2014）使用在中国天津生态城步行的叙事工具作为提出和讨论当代生态城市研究相关问题的一个切入点，强调了在分析生态城市“未来”时首先考虑规模的关键必要性，认为需要建立生态城市的定义、评估、绩效和监测框架，需要评估内部社会复原力和新建生态城市中社区的出现问题，对生态城市项目的研究不仅需要考虑物化为生态城市的高科技、城市环境，还需要考虑生产和繁殖大量生态城市和形成研究所称的“新城市贫民”，形成“工人城市”；Stoltz，Arrias 和 Lundqvist（2015）基于先前从多层次角度对系统创新的研究，为生态城市创新培育项目中的系统创新定义了一个多层次的视角框架，该框架解释了生态城市项目的发生以及生态城市如何通过简化新兴技术的整合来充当创新平台，还提出了一个假设，即生态城项目可以缩短人类视觉和思想转化为发明的时间，进而使思维能更快地进入实质性的创新阶段。

在国内，Guan 等人（2009）将来自北京 1244 家中国企业的数据用于确定不同创新目标的相对重要性，以及制造企业采用的创新战略，发现创新活动仅限于国内领域，主要是针对质量改进，而通过高科技企业认证体系获得政府支持的中国制造企业通常表现更好，他们已经开始摆脱对进口技术和设备的依赖，并利用本土的研发努力为即将到来的市场经济进行创新；Qian 和 Chen（2011）在对广东 785 个问答调查资料进行数据分析的基础上，得出了中小企业和区域环境下技术创新的一些主要特征，包括广东中小企业技术创新能力增强同时创新产出性能如专利水平的显著提高，且大多数中小企业选择合作战略和模拟战略作为企业技术创新战略，同时供应商和习惯在创新网络中发挥着重要作用，但高中、研究机构和代理服务机构的作用较小，另一方面提高技术和管理水平是中小企业的主要创新动力，但缺乏熟练劳动力、新技术和法律环境是广东创新环境的制约因素；Yu 等人（2015）在苏州工业园区进行了实证研究，以了解成熟的生态工业园如何影响生态城的发展，发现生态工业园区可以演变为生态城市，同时可以改善环境绩效，促进第三产业的发展，推动工业和居住区基础设施之间的协同效应，并增强其工业基地的经济繁荣；杜海东等（2017）测度我国沿海 11 省 2006—2016 年的海洋科技进步贡献率及其效率，并借助 Malmquist 指数模型对海洋科技进步贡献率的效率变化情况进行分解研究，发现我国海洋科技进步贡献率在时间上变化差异较大，尤其是 2011—2013 年下降趋势明显；Zhang 等人（2018）选择授权发明专利的数量和技术相关收入在国家高技术产业开发区（NHTIDZ）总收入中的比例作为代表知识创新和产品创新的指标，并使用空间自回归模型研究这两项创新对城市生态效率的影响，发现提高城市生态效率的技术创新对东部城市的影响大于中西部城市，同时一个城市的行政级别越高，发明专利对城市生态效率的影响就越大，城市的行政级别越高，NHTIDZ 在促进城市生态效率方面的作用就越小；以发明专利申请受理量衡量城市创新产出水平，在分析城市创新产出分布时空演化与差异特征的基础上，建立了地理邻近空间权重矩阵与创新网络空间权重矩阵，利用空间经济学统计与计量分析方法对中国大陆 286 个地级及以上城市创新产出的时空格局特征进行分析，发现创新产出集中在少数沿海发达城市中，区域间的创新差异大于区域内部创新差异，地理邻近与创新网络产生的空间知识溢出效应在地理学二、三定律驱动下形成了极化与多中心网络化的城市创新格局（马静，邓宏兵，2018）。

2.3 区域创新体系的理论与实证研究

随着经济全球化的深化和科学技术的迅猛发展，知识的生产、分配和使用呈现网络化模式（Dicken，2004），重视组织内外部联系的高度整合，强调开放式创新（Rothwell，1992）。知识的创造和传播是经济活力的基本来源，越来越多的人发现企业之间以及企业与其他组织（如教育、培训、研发、融资和政策支持等）之间的互动在知识创造和传播过程中发挥了重要作用，为处理这种复杂性，创新系统应运而生（Cassiolato et al.，2000）。随着知识在不同维度的创造、传播和使用，创新系统的定义方式多种多样，可以是国家、地方、部门甚至是技术创新系统（Carlsson et al.，2002）。

创新系统也称创新体系，在英文中均表达为 Innovation System。自熊彼特提出“创新”概念，创新一词不断被赋予新的内涵，并不断扩展其研究论域。20 世纪 50 年代起，技术创新（Mansfield，1971；Kamien & Schwartz，1982）、制度创新（North & Thoma，1973）、管理创新等重要理论相继提出，而后创新理论在经过长期单项研究后开始走向综合，即创新体系理论提出。

2.3.1 创新体系的理论与实证研究

2.3.1.1 国家创新体系的理论与实证研究

一是关于国家创新体系的理论研究。20 世纪 80 年代以来，创新研究真正发展到“系统范式”，最初是出现在国家层面（Edquist，1997；Nelson，1993；Niosi，2002；Carlsson，2006）。国家创新体系的学术思想最早可追溯到 Schumpeter 创新学说和 List 国家学说的理论交汇，此后国家创新体系的理论研究基本遵循 Schumpeter 的知识和技术视角及 List 的制度和国家视角（郑小平 & 司春林，2006；郑小平，2006）。弗里曼首次在“技术政策与经济政策：日本的经验教训”一书中提出国家创新体系的概念，并强调良好的知识生产、知识流通和知识使用的体系促成了日本的国家创新体系的有效框架（Freeman，1987）；Lundvall（1992）将创新体系定义为“在新的和经济上有用的知识的生产、传播和使用中相互作用的元素和关系”。Mefcalfe 将（1995）NIS 定义为一个以国家为单位的创新系统，由一群在新兴科技的发展上互相有关联的机构组织所组成，从事有关知识的创造、储存、应用与转移。

国内关于国家创新体系理论的研究起步较晚，主要基于国外学者的研究（路甬祥，2002；许庆瑞，2000）。国家创新体系理论处于一个动态多样化的阶段且没有形成统一的认识，多数学者公认的定义是国家创新系统是一组独特的机构，它们分别地或联合地推进新技术的发展和扩散，提供政府形成和执行关于创新政策的框架，是创造、储存和转移知识、技能和新技术的相互联系的机构系统（OECD，1997）。这一报告受到国内学者高度重视，成为研究国家创新体系研究的重要参照（柳卸林 & 马驰，1999；柳卸林，1998；何传启等，1998；惠鸣，2017）。

二是关于国家创新体系的实证研究。最初，国家创新系统理论被用来分析发达国家的经济发展，描述技术、经济、社会和创新的制度等。弗里曼首次应用国家创新体系的概念分析日本的创新系统（Freeman，1987）；Lundvall（1992）和其他一些人首先把它与支持创新活动的相互作用关系和制度结构联系起来分析了斯堪的纳维亚国家的经济发展。不久以后，这个概念在大多数发达国家被广泛应用（Meyer & Schmoch，1998；Furman et al.，2000）。

近年来，国家创新体系研究的一大趋势为研究区域的拓展，即由最初的发达国家拓展到新兴工业化国家，又转向发展中国家及少数欠发达国家（张俊芳 & 雷家骕，2009）。如 Kim（1998）将国家创新体系理论应用于韩国半导体产业的历史演变和发展过程中，发现技术学习取得了巨大进步；Hu 和 Mathews（2005）对五个亚洲国家和地区的创新体系进行了实证检验，研究认为后发国家的创新体系不同于发达国家，更加关注国家创新能力的制度基础发展，以及更加依赖高科技产业发展；Alcorta 和 Peres（1998）分析了拉丁美洲和加勒比海等国家创新体系的演进和绩效。

2.3.1.2 区域创新体系的理论与实证研究

一是区域创新体系的理论研究。20 世纪 90 年代以来，随着系统范式的拓展，创新系统研究领域出现了对区域创新系统的关注，随着全球一体化和国际边界的消失，从经济意义上，“国家状态”日益让位于“区域状态”，区域成为了真正意义上的经济利益体（Ohmae & Kenichi ，1993）。1992 年，区域创新系统被 Philip Cooke 教授首次正式提出（Cooke，1992），将其定义为由在地理上相互分工与关联的生产企业、研究机构和高等教育机构等构成的区域性组织体系，而这种体系支持并产生创新（Cooke et al. ，2004），并从“区域”“创新”和“系统”三个方面对此作了详细阐述，并且以此作为基础分析了金融资本、制度性学习和系统创新的生产文化对区域创新系统构建的作用（Cooke，1998）。此后，Asheim 和 Isaksen（2002）、David（2002）、Mikel 等（2006）学者也对区域创新系统进行定义。

区域创新系统是一个动态、历史的范畴，国内外学者对其的认识在定义角度、构成要素、功能认识、性质认识等方面存在巨大的分歧。国外学者对区域创新系统内涵的研究按强调区域创新系统地域性、根植性和内聚性—“区域界定”—主要组成要素、辅助机构、创新环境和制度—知识传导机制、动力机制和网络关联的顺序逐步扩展（付淳宇，2015），区域创新系统的概念逐渐完善和明晰。

二是关于区域创新体系的实证研究。目前，区域创新体系的绩效评价、区域技术创新、区域创新体系建设等问题成为区域创新系统研究的热点和前沿问题。刘顺忠和官建成（2002）运用 DEA 方法客观评价各系统的创新绩效，根据各创新系统的特点和创新绩效对各地区的区域创新系统进行分类，并针对每一类创新系统提出了区域创新的建议。王缉慈和盖文启（1999）以北京中关村地区为例，分析了区域的技术创新模型及区域创新网络，并提出了政府应该在提高区域创新能力方面发挥作用。洪银兴（2020）基于长三角区域一体化创新体系的考察，提出长三角区域创新体系建设的新要求。

2.3.1.3 创新生态系统的理论与实证研究

一是关于创新生态系统的理论研究。创新生态系统理论是创新系统的高阶发展阶段，出现时间较晚。21 世纪初，美国总统科技顾问委员会（2004）正式提出并明确使用“创新生态系统”这一概念，引起国内外学者的广泛重视，不同学者基于各自学术背景，对创新生态系统进行了丰富的研究。

创新生态系统的理论研究主要包括新制度经济学理论、战略管理理论和创新管理理论三大流派（梅亮，等，2014）。黄鲁成（2003）区域技术创新生态系统是技术创新组织与环境的空间集合，具有整体性、耗散性、复杂性和调控性等特征。张利飞（2009）认为创新生态系统是高科技企业基于构件/模块的知识异化、协同配套、共存共生、共同进化而形成的技术创新体系。胡斌和李旭芳（2013）以生态学中的生态系统类比，认为创新生态系统包括了与创新活动相关的各类物种、种群、群落等要素及创新生态环境，其主要目的是在可持续发展的理念下促进创新持续涌现，实现高质量的经济增长。冉奥博、刘云（2014）认为创新生态系统是企业等多主体之间形成“技术研发—技术应用—技术衍生”的循环过程，通过信息传递而充分利用发展技术的复杂系统。

二是关于创新生态系统的实证研究。基于生态学角度，创新生态系统的实证研究也可分成微观、中观视角（赵放 & 曾国屏，2014）。微观视角下，Rohrbeck（2009）等根据开放式创新的阶段和形式，对德国著名大型电信企业Deutsch Telecom 的创新生态系统进行了拆解，发现该公司大多数资源被用在研究和开发阶段，整合外部资源的价值创造在思想产生阶段最高。中观视角下，张运生和林宇璐（2020）以中国电子信息技术产业为例，探讨相关技术多元化与非相关技术多元化创新生态系统推动核心技术开发、企业销售增长的深层次机理。李磊和郭燕青（2014）结合创新生态系统理论构建新能源汽车产业创新生态系统模型，并从生产者种群、消费者种群、分解者种群、创新平台、主要创新生境、次要创新生境多个方面对模型进行较为全面的解析。

2.3.1.4 全球创新网络的理论与实证研究

一是全球创新网络的理论研究。20 世纪 90 年代中期以来，越来越多的学者开始关注跨国公司研发活动的全球传播：由封闭式创新向开放式创新转变（Coe & Bunnell，2003；Dankbaar，2007）。在对全球生产网络、知识流和创新系统的地理环境进行调查之后，Ernst（2002）提出了全球创新网络（global innovation network，GIN）的概念。Ernst（2005，2007）认为，知识生产的垂直专业化（“片段化”或“破碎化”），产生了全球创新网络，本质上是跨越地理边界的权力不对称网络（Ernst，2009）。

许多学者强调以网络主体的主导作用来理解全球创新网络。认为跨国公司的全球技术创新网络、以大学和科研机构为主导的全球知识创新网络、以政府为主导的地方创新系统叠加耦合，交织成一体化的全球创新网络（杜德斌，2015；司月芳，等，2016）。

二是全球创新网络的实证研究。一些学者认为跨国企业是全球创新网络组织的核心。Chaminade（2009）认为全球创新网络是从事与创新相关并生产创新知识的企业和非企业组织之间复杂互动的全球组织网络。企业通过参与全球研发出口、全球技术购买、全球研发合作和创新外包实现其创新活动的全球化（Archibugi & Michie，1995）。马琳和吴金希（2011）明确界定了全球创新网络是企业在全球范围内搜索可利用的知识资源、关注资源使用权并且具备高度开放性的价值网络创新模式。

2.3.2 创新体系的要素配置与优化研究

2.3.2.1 国家创新体系的要素配置与优化研究

一是关于国家创新体系的组织结构研究。早期文献中梳理得到构成国家创新体系的组织主要包括：支持创新的政府部门和相关机构、进行商业创新的企业组成的部门或行业、从事基础研究和培养科学与技术劳动力的大学、其他从事教育活动的公共和私人机构，国家创新系统建设的关键是组织及组织之间的互动（Patel & Pavitt，1997）。从宏观层面出发，Freeman（1987）分析技术创新与国家经济发展实绩以及国际竞争力之间的关系，根据日本创新体系的特征发现：政府政策、教育与培训、企业研究与发展及特殊的产业结构是国家创新体系的形成要素。从微观层面出发，Lundvall（1992，2007）强调企业与企业及其他知识基础设施之间的交互作用是创新系统的核心，总结为五个子系统：企业内部组织、企业间关系、公共部门的作用、金融部门及其他部门的作用、大学和研究发展部门。

近年来，对于中介机构、公共部门、金融系统等组成要素也有了更深刻的认识。Watkins 等（2015）指出了中介机构的积极作用，即中介机构在创新组织网络中发挥着信息收集与交换、直接促进组织网络建设、影响组织网络的合作文化和结构特征以及推进组织间合作进程等功能。Reiljan 和 Paltser（2015）指出公共部门对于新知识的创造和扩散十分重要，通过分析发现公共部门和创新政策可直接影响创新活动，或通过整合国家创新系统中正式和非正式制度环境，促进创新活动的发生和扩散。Vertova（2014）发现由于实体经济中缺乏可获利性投资机会，许多企业更多地将资源和资金投入金融市场中，这将会对创新造成消极的影响。

二是关于国家创新体系的功能和演化研究。关于国家创新体系主要功能描述和创新体系的演进过程，学者们没有形成统一的意见（Niosi，2002；Edquist，2008；Hekkert & Suurs，2007）。关于功能研究，贾蔚文（1999）指出国家创新体系的基本目标是要适应国家经济和社会发展总目标的要求，并将国家创新体系的基本功能高度归纳为创新资源的优化配置和高效应用；Liu 和

White（2001）指出国家创新体系研究“缺少系统层面的解释性因素”，针对这一缺陷提出创新体系中的5种基本功能（活动）：研发、应用、最终用途、连接和教育，并以此构建分析框架，对中国国家创新体系的演变进行了分析。关于体系演化研究，盛四辈和宋伟（2011）以战略群的视角研究国内自主创新战略，并系统化解释国家创新体系在时间维度和自主创新要素维度上的演变和进化；封凯栋（2011）指出国家创新体系是演化理论与历史制度分析融合的产物，强调了制度分析和历史分析在国家创新系统研究中的重要性和不可替代性，并指出目前对国家创新系统演进动力的研究不足。

2.3.2.2 区域创新体系的要素配置与优化研究

一是区域创新体系的组织结构研究。分析文献发现，把区域创新体系的组织构成划分为主体要素、资源要素及环境要素三类是主流观点。其中主体要素是创新活动的行为主体，包括企业、大学、科研机构、各类中介组织和地方政府；功能要素是行为主体之间的联系与运行机制，包括制度创新、技术创新、管理创新的机制和能力；环境要素是创新环境，包括体制、基础设施、社会文化心理和保障条件等。功能要素和环境要素可以通过主体要素，特别是企业的行为、发展特征和经济效果反映出来（李虹，2004）。从系统论的角度看，区域创新体系可被看作由一些子系统开放耦合而成的体系，黄鲁成（2002）认为子系统包括组织创新系统、制度创新系统、政策创新系统、过程创新系统和基础条件创新系统，周亚庆和张方华（2001）认为区域技术创新系统的子系统包括教育子系统、科技子系统、资金体系、政府子系统、文化子系统。从松散耦合理论出发，区域创新体系又可分为4种组织结构类型，即紧密耦合性型、松散耦合型、非系统（无组织结构）以及离散非耦合型（苏屹，等，2019）。

二是区域创新体系的功能和演化研究。区域创新系统功能研究有着大同小异的特点。区域创新系统的功能主要为互动学习、知识生产、邻近性和社会根植性（Doloreux，2002）。王稼琼等（1999）从抽象角度认为区域创新系统有着协调、催化、化险、解惑等功能。刘曙光和田丽琴（2001）认为区域创新系统可以整合区域创新要素，激活中小企业，发展高新技术产业，促进科技成果转化，加快传统产业改造和推进制度与机制创新。王子龙和谭清美（2003）将区域创新体的主要功能归纳为知识创新、技术创新、知识传播和应用，具体包括创新活动的执行、创新资源的配置、创新制度的建立和相关基础设施建设等。区域创新演化过程研究中的主流观点认为区域创新体系的发展演化与自身

的已有发展基础密切联系，具有过程相关性（陈伟，2012）

此外，区域创新体系还具有自组织演进的特性。王莉静（2010）研究指出区域创新体系的演进是一个结构不断复杂化、系统创新能力不断增强的自组织循环过程，可以通过创造条件实现区域创新系统自组织有序化运行。王景荣和徐荣荣（2013）研究分析了区域创新系统自组织演化过程中不同阶段和关键节点的状态与特征，提出区域创新体系自组织演化模型，并以具有明显集群特色的浙江省作为案例，对区域创新体系的自组织演化进程进行系统分析，研究结果表明国内外各区域创新体系正按照该模型进行由无序向有序的自组织演化。

2.3.2.3　创新生态系统的要素配置与优化研究

一是关于创新生态系统的组织结构研究。创新生态系统的组织结构存在较大差异。就数量方面而言，一些学者认为创新生态系统主要包括两个组成部分，可以是参与者和环境条件（Bloom & Dees，2008），也可以是核心层面和影响力层面的结构（Judy，2008）。一些学者认为创新生态系统主要由三个组成部分构成，Smith（2006）认为创新生态系统包括流程、文化和能力；格玛沃特（Ghemawat，2007）认为资源、能力和连通性（connectivity）是创新生态系统的三个关键部分。另一些学者还有不同的观点，如多重螺旋结构，胡曙虹等（2016）基于创新主体、创新要素、创新环境构建三重螺旋创新生态系统，并详细阐述各要素之间的相互作用；杨晓斐和武学超（2019）构建了大学—政府—产业—公民社会“四重螺旋”创新生态系统四种可选模式；武学超（2015）分析了大学、产业、政府、公民社会、自然环境五重螺旋创新生态系统的构成要素及运行机理。

二是关于创新生态系统的功能和演化研究。基于生态系统的特性，创新生态系统同样存在技术、专利、信息的贮藏与转移这一功能特征（冉奥博，刘云，2014）。Esty 和 Porter（1998）认为创新生态系统的理念既有利于企业提高产品质量，也有利于促进企业之间的合作，降低产品成本，提高竞争力。石新泓（2006）以 IBM 公司为案例对创新生态系统的功能进行了研究，其研究表明，企业可以依托其所在的创新生态系统创造价值、塑造市场优势。

创新生态系统的演化研究主要通过案例分析体现。Moore（2006）对创新生态系统的历史进行了回顾，以每阶段的案例分析深入描述了创新生态系统的演进历史，一共涉及八个阶段：包括 IBM 公司的模块化技术与惠普公司的柔性组织；苹果公司的生态系统远景与发展实践；Sun 与 AT&T 公司推进开源系统以反对商业垄断的突破；康柏公司和 IBM 试图通过生态系统的资深成员阻滞英特尔公司的创新发展；IBM 与惠普打造共同目的的生态志愿者社群；Web2.0 的发展；美国企业利用司法系统完善创新生态系统的规范；生态系统的组织被广泛推行等。段杰（2020）探究了粤港澳大湾区创新生态系统演变，历经各类新意识、新规则的扩散普及，逐渐完成创新主体组织合作、创新资源结构、创新政策、创新文化和创新能力等的动态演化与阶段跃迁。

2.4 协同创新研究综述

2.4.1 区域创新系统内部产学研协同创新研究综述

企业、高校和科研机构的“产学研”不同创新主体相互作用，形成了区域内部协同创新体系（Fan et al.，2020）。Chesbrough（2003）认为企业和高校应当展开广泛的合作，Etzkowita（2008）认为高校应当在区域创新系统中发挥更重要的作用，而美国的曼哈顿计划、硅谷、波士顿 128 号公路园区正是早期产学研协同创新的典范。产学研协同创新的内涵也在实践中不断丰富，可以从包括网络视角、个体视角、组织视角和系统视角等多个视角进行界定（盛彦文，马延吉，2017），但总体上是指企业、高等院校和科研机构三大创新主体打破各自组织的壁垒，在区域创新系统内部实现资源协同利用及技术共同研发的过程，在创新过程中各个创新主体的知识会不断增值，产生各创新主体螺旋上升的运行状态，可以形成“1+1+1>3”的协同效应，最终会促进区域创新效率的提升，而政府在此过程中起到指导、管理和监督等作用（Varga，1998；朱桂龙，等，2015）。

产学研协同创新源于自组织理论、开放式创新理论、组织学习理论和创新问题解决理论，以及激励理论、交易费用理论及三螺旋理论，此外博弈论也为产学研协同创新提供了理论支持（郑彤彤，2017），而其中最有代表性的理论是 Etzkowitz & Leydesdorff（1995）提出的“三螺旋理论”。产学研协同创新的演化按照时间顺序可分为准备、运行和延伸三个阶段，演化过程中涵盖了项目式、共建式、实体式、联盟式和虚拟式等组织模式，而知识流、物质流、信息流和能量流的充分开放是协同创新演化的先决条件（程强，石琳娜，2016），其知识转移渠道按照不同划分标准可以划分为人员交流、知识交易、研发合作（吕国庆，等，2014）。产学研协同创新机制包括学习机制、动力机制、组织机制、联合攻关机制、地理邻近机制等（何郁冰，2012；胡杨，李郇，

2017）。同时，产学研协同创新会在知识的创造、交互、应用和全面协同阶段对区域创新效率造成影响，其对于区域效率影响的基础理论包括耗散系统理论、协同创新理论、投入产出理论、资源依附和交易成本理论、动机期望评价理论、平衡计分卡理论以及群落生态学理论（刘友金，等，2017），因此在评估产学研协同创新效率时要考虑到知识的学习交流、共同创造、成果商业化等过程（黄菁菁，2017）。

纵观先前的研究可以发现，目前国内外对于产学研协同创新的内涵、发展阶段、影响机制和效率方面进行了深入广泛的研究，但这些研究都将产学研协同创新作为一个整体来进行分析。事实上，区域内部产学研协同创新系统是涵盖知识创新、技术创新、产业创新、服务创新、创新环境等全社会创新的一个综合创新体系，通过区域创新系统内部各种创新要素的交互作用，形成优势互补、集成高效的区域创新网络（Fan et al.，2020）。在这个创新系统中，当知识创新与技术创新相互隔离时，从大学到企业的技术扩散之间存在一个“死亡之谷”，大学创新的技术很难得到商业化和产业化。如何从知识创新跨越到技术创新，再从技术创新跨越到产业创新，是区域内部产学研协同创新的关键。在产学研合作进行协同创新时，就可避免出现从大学的创新成果向生产企业产业化过渡的“死亡之谷”，顺利走向“达尔文之海”（洪银兴，等，2015）。因此，为了提升区域内部产学研协同创新系统的整体效率，就需要对大学到研发机构的“学转研”跨越以及从研发机构到创新型企业的“研转产”跨越进行分阶段评价，综合研判区域产学研协同创新中的薄弱环节。

2.4.2 大学—企业技术转移研究

近年来，在跨国公司推动全球研发网络的同时，以全球知名大学推动的全球知识合作网络也在悄然形成，两者相辅相成共同促进全球创新网络的形成。在开放创新时代，大学在知识创造、知识转移和协同创新方面的作用逐渐凸显，围绕大学—企业的产学联系、协同创新和技术转移等方面的研究引起了学者们的广泛关注，相关研究主要从以下几个方面开展：

第一为大学—企业技术转移的动机研究。作为构建组织知识库的一种手段（Grimaldi & Cricelli，2010），大学与企业的技术合作（Universities-Industry Collaboration，UIC）指的是高等教育系统和产业部门之间的互动，主要目的是鼓励知识和技术交流（Siegel et al.，2003）。学术界普遍认为，只有抓住大学—企业知识合作的动机才能综合评价其绩效，简单来讲，大学—企业的技术转移联系无非是追求收益和减少成本（Franco & Haase，2015），细致来看，大学—企业进行知识合作和技术转移的动机又可分解为以下两个维度：一是大学层面的动机需求；二是企业层面的动机需求。首先，关于大学层面的动机研究发现，获取资金支持、响应政府政策、在应用环境中学习来提高研究和教学的质量、提高机构和研究人员的声誉和认可度、提高个人收入等方面是大学（研究人员）从事技术转移的主要动机。Yong（2000）研究发现，与企业合作的最重要的驱动因素之一是获得与其研究活动相关的资金，同时还发现研究者希望通过与企业合作对其研究成果进行现场测试，并以这种方式获得新的见解。Ankrah et al.（2013）对英国的学者进行调查发现，学生和教师面临实际问题并确保学术研究水平达到最新水平是其进行大学—企业知识转移的决定性因素，另外，大学开展向企业转移技术的活动也是响应政府的政策。同时，大量的研究已经表明，对收入增加的渴望也是大学和研究者从事技术合作和转移的动力之一（Perkmann & Walsh，2008），但也有学者发现对个人收入提高的渴望是众多动机中最不重要的（D' Este & Perkmann，2011）。其次，关于企业层面的动机研究发现，获得经济利益、提高生产率、降低成本、响应政府政策、弥补组织缺陷、提高声誉等方面是企业积极寻求与大学进行知识合作或技术转移的主要动机。将大学技术商业化以获得经济利益（Siegel et al.，2003）是企业寻求大学技术转移的关键性动机。为了做到这一点，许多公司都希望获得大学所生成技术的专有权利。获得学生暑期实习或招聘的机会，以及聘请大学教授或研究人员进行咨询也是企业寻求大学技术转移的动机之一（Perkmann et al.，2011）。Siegel et al.（2003）的研究还指出，企业往往可以通过与一个知名机构联系来提升自己的形象和声誉。

第二为大学—企业技术转移的渠道和组织形式研究。毋庸置疑，大学与企业间的技术转移渠道和方式极为复杂多样，从微观的个人非正式关系到机构层面的联盟、合资等，无不进行着知识扩散行为。学术界对大学—企业技术转移渠道和组织形式研究集中在三个方面：一是个人的非正式关系（personal informal relationships），如个人咨询、学术交流、讲座等；二是个人的正式关系（personal formal relationships），如学生实习与就业、项目资助、联合开发、共用或共建实验室等；三是第三方机构的中介关系（third party），如大学公司、大学技术转移办公室、政府机构、行业协会等（Ankrah & Al-Tabbaa，2015）。Freitas et al.（2013）基于意大利皮埃蒙特地区企业调查发现，小公司更加倾向于通过个人正式关系（合同）来与大学开展技术转移联系，而大公司通常选择机构间联合（通常由大学技术转移办公室代理）来与大学开展技术转移联系。Santoro & Gopalakrishnan（2000）将大学—企业技术转移联系方式划分为四种：研究支持（即捐赠/信托基金），合作研究（即机构协议、团体安排、机构设施、非正式意向），知识（即招聘近期毕业生、个人互动、机构计划、合作教育）和技术转让（即通过大学研究中心进行的产品开发和商业化活动）。Fernández-Esquinas et al.（2016）通过对737家创新型公司的调查实证研究发现，大学与产业之间的联系可以分为五个潜在维度（知识生成与适应，参与创建新组织，人力资源培训与交流，共同申请和维护知识产权以及共用设施和设备）。另外，在大学—企业技术转移渠道研究方面，学术界普遍认为大学—企业的技术转移方式是随时间变化而变化的。如Chen（1994）认为大学与产业间的技术转让方式既是相互区别，又是随时间不断演进的，其根据香港大学与企业之间的技术转移方式，将大学—产业的技术转移方式划分为三个阶段（随机—短期—长期）。Faulkner & Senker（1994）也承认，正式渠道和非正式渠道存在时间上的连续性，非正式联系往往是正式联系的先驱和后继者。D' Este & Patel（2007）的研究也发现，具有一个知识转移渠道的经验的研究人员更有可能参与未来通过其他类型的渠道转让知识。

第三为大学—企业技术转移的影响因素研究。大学—企业技术转移的影响因素研究主要从三个方面开展：一是大学层面的影响因素；二是中间过程的影响因素；三是企业层面的影响因素。首先，大学层面的技术转移影响因素研究主要包括大学科研人员（个人属性）、大学的知识产权保护制度、大学技术转移办公室的组织制度、大学所创造的知识的特征等方面。大量的研究表明，科研人员的性别、资历、个人声望对大学知识转移的影响较大，如男性科研人员更有可能参与到技术转移过程中，而技术转移办公室服务人员则多为女性（Azagra-Caro，2007）；一个之前从事过技术转移的，或者阅历丰富的科研人员更有可能参与到技术转移中（Boardman，2008；Giuliani et al.，2010）；通常最好和最成功的科学家也是那些与企业密切合作的人（Bekkers & Freitas，2008）。Siegel et al.（2003）研究发现大学技术转移办公室影响大学技术转移的最重要的组织因素是教师奖励制度。Villani et al.（2017）比较了三种不同组织形式（大学技术转移办公室、大学孵化器和协同研究中心）的大学技术转移中介机构在促进大学技术转移方面的不同之处，其认为大学技术转移办公室更倾向于雇佣具有混合背景的人来直接减少大学和企业之间认知距离和组织距离；大学孵化器和协同研究中心则更倾向于采取旨在缩小大学与企业之间地理距离和社会距离的措施来促进技术转移。其次，中间过程的影响因素主要包括社会资本的参与（Al-Tabbaa & Ankrah，2016）、国家或当地政策的影响等方面。Decter et al.（2007）在对英国和美国大学技术转移官员进行调查后发现，两国大学转让技术的动机、大学技术转让政策的一致性以及大学技术对企业的可及性存在显著差异。最后，企业层面的技术转移影响因素主要包括企业的吸收能力（Cohen & Levinthal，1990）、企业将知识获取过程制度化的能力（institutionalize the knowledge acquisition process）、企业自身知识结构的特点等方面。Santoro & Gopalakrishnan（2000）研究了 189 家与美国 21 家大学研究中心合作的公司，发现当企业具有更多的组织结构、更稳定的文化，以及企业更加信任其大学研究中心合作伙伴时，技术转移活动将得到促进。

第四为大学—企业技术转移的绩效研究。与大学—企业技术转移的动机相呼应，无论是大学还是企业，寻求产学联系的初衷皆是服务于自身诉求，产生良好的积极效应。对于大学而言，大学—企业技术转移的积极效应主要体现在个人、机构、区域层面的经济增长（如知识产权的许可收入、创造商机、知识溢出服务于当地经济发展等方面），以及对于机构、研究人员在科研学术、就业、声望上的提升。对于企业而言，大学—企业技术转移的积极效应主要体现在通过获得新知识、新技术、新工艺来促进经济增长，以及在提高企业竞争力、抵消企业间竞争带来的损失、招聘人才方面得到快速成长。但也有一些研究认为，虽然大学—企业技术转移的好处显然超过了任何危险，但对于大学和企业界，特别是大学来说，认识到可能的缺点仍然是很重要的（Harman & Sherwell，2002）。其中对于大学而言，主要的威胁在于：对于原本开放态的科学文化知识呈现出负面影响；保密协议束缚知识传播；可能导致过多追求短期效益而影响长期的基础研究；研究人员的短期逐利性；有可能源于企业资助从而产生片面的研究成果；研究人员与机构间的利益分配不均。对于企业而言，主要威胁在于：缓慢的学术型官僚机构可能会扼杀技术商业化，压低公司的业绩并推迟实现公司目标；管理和协作费用增加；理论与实际偏差太大；研发过程的不和谐；知识产权的纠纷；减少对专有信息的控制或泄漏；合作失败率高；技术过时等（Al-Tabbaa et al.，2014）。另外，大学—企业技术转移绩效的测度方法研究也是学术界较为关注的一个方面（Anderson et al.，2007）。

2.4.3　区域创新系统之间的协同创新研究综述

协同创新不仅仅存在于系统内的各个创新主体之间，还发生在区域层面，以获得知识溢出、资源共享等效应，相关学者据此提出了区域协同创新理念以分析区域创新系统间协同创新的内涵和特征（范斐，等，2015；孙瑜康，李国平，2017；吕海萍，等，2017）。区域间的协同创新显示出不同区域创新强度与区域之间的创新协作程度（吕拉昌，等，2016），而这一协作是通过区域间的创新联系实现的，无数的创新联系构成了创新网络。在创新网络中，从论文合作（汪涛，等，2011；刘承良，等，2017）、专利合作及引用（李丹丹，等，2015）、技术转移（段德忠，等，2018；刘承良，等，2018，2019）、产业合作（林兰，等，2017；曹贤忠，等，2018）等视角，探究区域之间创新联系以及创新网络的组织绩效、空间特征成为学者关注重点（司月芳，等，2016；顾伟男，等，2019）。不同于系统内协同创新主要是以三螺旋理论为支撑，系统间的协同创新的理论基础则是知识和技术在空间上的外溢效应（王铮，等，2003；孙瑜康，等，2017）。地理学第一定律指出事物在空间上都是相互联系的，而协同创新也确实存在空间依赖性和空间异质性。区域创新系统间协同创新的形成机理分为市场推动式和技术拉动式（吕拉昌，等，2015；张惠璇，等，2016），具体表现为创新人才在系统间流动导致的知识技术外溢（林静，等，2018；刘晔，等，2019），创新要素在系统间流动实现的资源整合（刘军，等，2017），创新资本“逐利性”在系统间的流动形成创新网络，以及三者之间的联动。在这一过程中，创新主体的流动、成果的市场交易、知识的流动和企业价值链网络是系统间协同创新的主要动力，本质为目标驱动、要素聚合、组织机制强化、优势互补（马海涛，等，2018）。空间效应对于系统间协同创新既有促进作用，也形成了制约，其制约因素包括区域资源禀赋差异、行政体制性障碍和中介组织功能缺失，表现为分散了创新资源、阻碍了创新扩散、延缓了创新集群形成（王承云，孙飞翔，2017；焦敬娟，等，2017；周锐波，等，2019）。

空间知识溢出主要是指地理空间单元之间通过无意识的知识交流而获得智力成果，从而促进区域经济增长的过程（陈傲，柳卸林，2011）。早期对于空间外溢的研究大多聚焦于劳动力和资本（孙大明，原毅军，2019），新经济增长理论和新经济地理学都十分重视外溢的影响，而后者又特别强调了外溢的空间特征，并将其定义为空间外溢（赖明勇，2018）。空间外溢是指一个区域的外溢在没有增加相邻区域的成本的基础上，改进了相邻区域的发展条件（孙威，毛凌潇，2018）。随着人们对科技、知识等无形资本研究的深化，发现外溢也是科技创新的特征之一。20世纪90年代以来，随着新经济地理学的兴起，一些国外学者分别从中心地理论、要素距离和空间联动等角度对知识的外溢进行了阐释（Almeida，1999；Varga，2000；Caniëls，2001；Fischer，2009；

Rho & Moon，2014），他们认为知识具有根植于个体之中的特征，而充当知识载体的要素依照市场信号，在区域间的自由流动是空间知识溢出发生的根本原因。携带知识的各种要素在区域间的自由流动可以带动知识在不同主体间的互动和交流，加速知识在空间的溢出。

由于一些创新主体在地理位置上较接近，或者经济结构较为相似，那么创新主体会更倾向于加强与其他创新主体之间的相互联系，获得超额报酬，这一现象就是创新的空间外溢与地理邻近性。已有研究已经证实了城市之间的经济结构、社会文化、生态环境、知识创新、基础设施均存在空间溢出效应，而外溢的存在，极有可能改变原有的创新空间网络格局（覃成林，2012；李丹丹，等，2013）。创新的空间溢出效应既可能是由于知识的溢出而带动周边地区的学习或促进创新资源和要素的流动分享，表现为正向作用，也可能是对周边地区创新资源和创新要素的掠夺，表现为替代效应（李若曦，等，2018）。

2.5 本章小结

本章首先对国外创新研究的相关脉络进行了梳理，发现国外对于创新的研究早期多集中于企业和产品两个方面；然后随着研究范围的扩大和研究对象的增加，创新的研究开始从企业和产品转向对于行业的研究，专家和学者也更倾向于检验创新在某一种或几种行业中的作用；更大范围地，专家学者把研究对象从企业和行业转向更高维度的经济发展，探讨科技创新对于经济发展的影响；随着人口的爆发式增长，经济发展不得不消耗大量的资源，同时也伴随产生了一系列的生态环境问题，而创新可以在一定程度上使得经济和生态环境共生发展，因而近年来创新在生态环境中的研究成果大量涌现。之后本章又对国内的创新研究进行了梳理，发现国内关于创新的研究起步较晚，但也大致经历从企业产品到行业，再到经济生态环境建设相关创新的研究历程。不同于国外研究，国内对于企业产品和行业创新的研究较少，而对于经济和生态创新的研究较多。

在对国外和国内创新相关研究梳理的基础上，本章系统归纳了创新研究对象的变化，认为早期的创新研究主要集中于国家创新系统；随着经济发展和社会问题凸显，创新研究开始聚焦于区域层面；随着研究的继续深入，城市创新系统得到了前所未有的重视。区域创新的研究已经不能满足人们对不同城市的探索，专家和学者把研究的目光转向了城市创新系统。

综观当前创新的相关研究仍有三个方面有待仔细思考：（1）研究对象局限于国家和特定行政区域，而非空间关联较强的经济区域；（2）已有研究无法全面反映城市创新系统的水平和演化过程；（3）已有研究未曾探讨创新系统内部的需求和供给间的机理。

3 城市创新系统分解与模型构建

3.1 城市创新系统内涵与分解

3.1.1 城市创新系统内涵

区域的创新能力是区域发展的主要动力和关键增长点（徐佳，魏玖长，等，2017；刘海滨，牛秀红，等，2018；苏屹，安晓丽，等，2018），区域创新系统一直是国内外学者关注的重要问题之一（杨剑，杨锋，2010；穆荣平，2014；沈宏婷，陆玉麒，2017）。区域创新系统的思想最早见于弗里曼（C. Freeman，1987）的国家创新系统理论。根据对日本的研究，弗里曼将国家创新系统分解为政府政策、企业研发活动、教育与培训以及产业结构四个构成要素，并特别强调企业集团在技术创新中的作用。此后，其他学者（Porter，1990；Breschi et al.，1997；Carlsson & Stankiewicz，1991；Miettinen，2002；Freeman，2004；Edquist，2004；Sharif，2006；Edquist，2011）也提出一些类似的国家创新系统模型。如纳尔逊（R. R. Nelson，1993）认为国家创新系统包括制度、技术行为、大学和研究机构和政府机构四种要素；伦德瓦尔（B. Å. Lundvall，1985，2002，2007，2014）和帕特尔（Patel，1994）提出的区域创新体系基本由企业、大学科研机构、教育部门及政府部门构成。后来英国的库克（P. Cooke）在1992年把国家创新系统概念泛化为一般区域创新系统，指出区域创新系统主要是由在地理上相互分工与关联的生产企业、研究机构和高等教育机构等构成的区域性组织体系，并认为地理上邻近且有关联的创新主体推动着区域创新发展。埃茨科瓦茨（H. Etzkowitz，1997）提出三螺旋理论（Triple Helix Model），分析在知识经济时代政府、产业和大学之间的新型互动关系，为区域创新系统结构研究提供了一个方法论意义上的有效工具。相比之下，我国相关研究仍以借鉴国外方法为主，评价方式较为单一，评价分析研究仍存在一定的局限性，对于评价结果有着一定的影响（盛彦文，2017；杨雪，

2018）。

当前，北京、上海、深圳等国家一线城市纷纷致力于建设全球有影响力的科技创新中心，而武汉、成都、重庆等准一线城市也致力于创建国家科技创新中心，可以说全球科技创新中心是一种进化到顶极状态的区域创新系统，而城市的创新系统概念较复杂，所包含的内容也多种多样，从不同角度进行理解会有不同的结果。但学术界普遍将城市创新系统按照语言构成分解为三个主要内容，即城市（空间）、创新（对象）和系统（范畴）。它们确立了城市创新系统的空间、供给和需求三个维度。从空间划分来看，城市作为创新活动高度集聚的空间无论在全球尺度还是在国家和区域尺度，已经是被广泛证明的。从创新供给来看，城市创新供给系统是城市空间为创新活动提供的各种保障，从创新需求来看，城市创新需求系统是城市为吸引创新活动集聚形成的社会经济影响。

3.1.2 城市创新系统分解

供给和需求是系统发展的两个方面，而从系统论的观点分析，供给和需求更是不可割裂、辩证统一的两个重要组成部分，城市创新系统中的供给和需求亦然。狭义上创新系统供给和需求割裂了二者辩证统一的内容，更偏向于一方面的发展，而忽略了另一方面的影响。广义的城市创新系统是指在城市空间内，由不同创新主体，以一定的方式在一定的创新环境和设施保障下进行创新活动而形成的，为城市社会经济发展提供技术支持和服务。因此，可以从内涵范畴方面出发，按照为创新活动提供的各种保障和为吸引创新活动集聚形成的社会经济影响，将城市创新系统具体解构为城市创新供给子系统和城市创新需求子系统两大方面。

（1）在城市创新供给子系统层面，城市的创新发展表现为城市创新主体的能力、创新产出的数量和质量、创新文化和创新环境的质量与其引致的区域经济社会发展的支撑和伺服能力差异（称为城市创新供给子系统）。城市创新系统所提供的供给主要包括三个方面：一是核心供给，是指城市创新系统所能提供的创新发展最为核心的资源——人力，而人力又可具体划分为科技创新人才和非科技创新人才，前者是科技创新的核心力量，是城市创新系统中核心供给的基本智力供给，后者则通过服务、学习、传播等手段成为科技创新的间接驱动者，是城市创新系统中核心供给的基本人力供给；二是主体供给，是指城市创新系统为核心供给所提供的创新场所，以便于基本智力供给可以通过沟通和交流等方式进一步推进创新活动，而主体供给包括高校/科研机构和企业两个重要组成部分，高校/科研机构通过以研究成果为目的的创新给基本智力供给提供创新场所，企业则通过以经济效益为目的的创新给基本智力供给提供创新场所；三是环境供给，是指除主体供给以外城市所能提供的其他创新条件的总称，既涵盖了创新的资金供给和产出供给，又囊括了创新所需要的文化支撑、环境供给以及创新设施保障等几个方面。

(2) 需求层面，表现为城市社会经济发展对城市创新活动的影响（称为城市创新需求子系统）。经济发展对于城市创新活动有直接影响，表现在经济发展水平和经济结构两个方面，经济发展水平高可以对创新活动有较大的支持强度，确保创新活动的资金充沛，而经济结构的差异则影响了创新活动的方向。社会的发展程度也深刻地影响着创新活动的推进，一方面社会能提供大量的人口进行创新活动，但由于社会发展程度的不同，社会所能提供的创新人口数和人口结构也不尽相同；另一方面，社会发展的好坏还取决于人民的生活水平，人民的生活水平越高，那么人民就更乐于从事或者支持创新活动的推进。

3.2 城市创新系统评价指标体系构建

由于内涵各不相同，城市创新系统从定性上可以分为城市创新供给子系统和城市创新需求子系统两个具体方面，二者通过协调发展来推动城市创新系统的发展。然而，仅仅通过定性分析城市创新供给子系统和城市创新需求子系统并不能很好地探究城市创新系统发展水平和变化规律，还必须从定量上度量城市创新供给子系统和城市创新需求子系统的发展水平和变化规律，以厘清城市创新系统的真实运行情况和变化趋势。此外，对于城市创新系统这类较为复杂系统，还必须构建与之对应的评价指标体系，构成定量分析创新水平的基础。因此，基于城市创新供给子系统和城市创新需求子系统的定性分析，本节构建城市创新供需系统评价指标体系，以期定量分析城市创新供需系统的发展情况。

3.2.1 构建原则

(1) 科学性原则。对于城市创新系统，必须根据研究对象的特点、供需系统的内涵以及实际操作时的具体情况，选取科学合理的指标进行定量研究。为保证城市创新供需系统评价指标体系的科学性，首先，本书参考国内外相关研究的基础进行归纳和总结，在各类国家级及省市级统计年鉴上查阅数据的可得性和完整性上，初步建立起城市创新供需系统评价指标体系；其次，对指标体系进行初步定量测度，查验定量测度的结果是否与实际上我国各省市的情况大体上相似或相近，对于其中不合理的指标进行剔除处理；然后，将所建立的城市创新供需系统评价体系通过邮件等方式发送给相关的专家学者，以获得建设性的意见，通过反馈的方式对城市创新供需系统评价的指标体系进行进一步修改；最后，根据最终修订好的结果来构建起本书所需的城市创新供需系统评价指标体系。

（2）完整性原则。城市创新供需系统包含了城市为创新提供的各方面要素，既包括创新要素，也包括促进创新发展的资本要素、人力要素、资源要素、环境要素等诸多内容，各类要素在城市创新过程中分工协作，共同推进了城市创新系统发展。因此，在构建城市创新供需系统评价指标体系时，要涵盖完整的城市创新链上各个环节的要素，保证指标体系基本上覆盖各个环节的要素投入指标，以确保城市创新供需系统评价体系的完整性。在注重城市创新供需系统评价体系完整性的同时，也要防范一些相似或相近指标的重复使用，使得选取的城市创新供需系统评价体系内的指标兼具代表性的特点。因而在众多指标中，城市创新供需系统评价指标要选择一些有代表性的要素，在完整中体现简洁。在此，本书对所构建的城市创新供需系统评价体系的各项指标采取相关系数分析、主成分分析、空间变异度分析、独立性分析和因子分析的方法以探究其主成分的相似程度，对于主成分相似度较大的指标进行剔除处理，以保证城市创新供需系统评价体系中各项指标尽可能不重叠。

（3）系统性原则。鉴于系统的不同层次和不同要素组成，因而在构建长江中游城市群的城市创新供需子系统指标体系时应当在不同层次上有所区分。根据城市创新供给子系统和城市创新需求子系统的定性分析，城市创新供给子系统可以划分为核心供给、主体供给和环境供给三个准则层，其中核心供给包括基本人力供给和基本智力供给两个部分，主体供给包括高校/科研机构和企业两个部分，环境供给包括创新资金供给、创新产出供给、创新文化支撑、创新环境供给、创新设施保障五个方面；城市创新需求子系统可以划分为经济和社会两个准则层，其中经济包括经济发展水平和经济结构两个部分，社会包括人口和生活两个部分。

（4）可量化性原则。可量化原则具体包括三层不同的含义：定性指标可以直接量化，或可以通过赋值间接量化，或在考虑其动态变化情况下可以进行量化。因此，本书所选取的指标层数据要求在研究期内尽可能完全，且主要来源于国家出版的主流统计年鉴。在系统查阅《中国统计年鉴》（2003—2018年）、《中国科技统计年鉴》（2003—2018年）、《中国环境统计年鉴》（2003—2018年）及各省统计年鉴的基础上，梳理各指标数据的短缺情况，对于缺失的数据查验相关的统计公报或网络数据库、新闻报纸等以补齐，并基于可量化性原则进行指标选取，对于缺失较多的指标予以摒弃，对于缺失较少的重要指标，采用指数平滑法对缺失数据加以补齐。此外，对于波动较大或不具有一定变化规律的指标数据进行剔除处理，以保证数据整体的协整。

3.2.2 构建方法

城市创新供需系统评价体系的构建是一个较为复杂的过程，面对众多庞杂的指标数据，城市创新供需系统评价体系难以一次就构建成功，其中难免遇到一系列的调整与修正，因此本书采用指标体系构建的一般方法，将城市创新供给子系统和需求子系统按照构建指标体系的先后顺序分为四个部分，即前期理论准备→指标体系初选→指标体系完善→指标体系具体应用（如图 3.1 所示）。

（1）前期理论准备。本书在研究和梳理国内外相关的经典文献和最近研究成果的基础上，了解有关城市创新系统评价指标体系的理论基础和最新研究进展，基于我国高质量发展、创新驱动、新旧动能转换等相关政策方针和指导意见，从创新生态学、创新经济学、创新地理学、系统动力学的相关理论知识出发，为指标体系构建打下良好的理论基础。

（2）指标体系初选。借鉴相关研究成果，并查阅我国相关的国家级与省市级统计年鉴和统计公报，确定指标的合理性和指标数据的完整性，对指标进行初步的选定。通过相关系数分析、主成分分析、空间变异度分析和独立性分析以保证城市创新供需系统评价指标体系的要素不出现重复、叠加的现象。

（3）指标体系完善。对初步构建的指标体系进行核实，初步测度指标体系的整体评价值是否与城市的实际发展情况相符等。根据对初步构建的指标体系的核实结果，对城市创新供需系统评价体系的指标进行初步调整。然后通过专家咨询法，将所建立的城市创新供需系统评价体系通过邮件等方式发送给相关的专家学者，以获得有建设性的意见，通过反馈的方式对城市创新供需系统评价指标体系进行进一步的完善工作。

（4）指标体系具体应用。在对城市创新系统评价体系进行多次试评价、修改后，最终确定能够反映评价目的的指标体系。

3.2.3　城市创新供给系统评价指标体系

通过参考欧盟创新记分牌、全国科技进步统计监测指标体系等国内外权威城市创新系统评价指标体系，借鉴华东师范大学杜德斌教授（2015）关于全球科技创新中心组织结构的划分，以及相关创新研究（张建清，等，2016；范斐，等，2016；王林，等，2018），本书从构成要素上，将城市创新系统供给结构分解为“核心供给”“主体供给”和“环境供给”三方面，其中“核心供给”指城市创新人才供给，“主体”指城市创新要素的组织体供给，“环境供给”指城市创新活动的文化、资本、设施和服务供给，因而本书构建的指标体系如表3.1所示。

表3.1　**城市创新供给系统评价指标体系**

目标层	准则层	指标层	指标内容	单位
城市创新供给系统评价指标体系	核心供给	基本人力供给	非农人口数量	万人
			第二产业从业人员数量	万人
			第三产业从业人员数量	万人
		基本智力供给	在校大学生人数	人
			高等学校专任教师数量	人
	主体供给	高校/科研机构	普通高校数量	个
			国家重点实验室数量	个
			教育部重点实验室数量	个
		企业	高新技术企业数量	个
			规模以上工业企业数量	个
	环境供给	创新资金供给	固定资产投资额	亿元
			教育支出	亿元
			科技支出	亿元
		创新产出供给	发明专利申请量	个
			论文发表量	篇
		创新文化支撑	公共图书馆藏书量	万册
			剧场及影剧院数量	个

续表

目标层	准则层	指标层	指标内容	单位
城市创新供给系统评价指标体系	环境供给	创新环境供给	建成区绿化覆盖率	%
			污水集中处理率	%
			生活垃圾无害化处理率	%
			城市工业固体废弃物综合利用率	%
		创新设施保障	万人医院床位	张
			互相联网用户数量	万户
			旅客周转量	人·公里
			限额以上零售企业中百货商场数量	个
			人均道路长度	米

核心供给包括基本人力供给和基本智力供给。其中，在基本人力供给中，本研究分别选取非农人口数量、第二产业从业人员数量和第三产业从业人员数量进行表征。人是创新的载体，创新的基本人力供给首先需要具备必要的人数。非农人口包括各类专业、技术员，国家机关、党群组织、企业单位负责人、办事人员和有关人员，商业、服务性工作人员，生产、运输工人和有关人员以及其他劳动者，他们分布于各行各业，其工作内容均与创新有着密切的联系。同时，创新还体现在不同的产业中，其中第二产业和第三产业的技术创新尤为突出，这两个产业的从业人员为推动创新发展起到非常重要的作用。在基本智力供给中，本研究分别选取在校大学生人数和高等学校专任教师数量来进行表征。高等学校是创新产出的主要机构之一，专任教师和大学生对于科学研究作出了突出贡献，是创新的主力军。

主体供给包括高校/科研机构和企业。其中，在高校/科研机构中，本研究分别选取普通高校数量、国家重点实验室数量和教育部重点实验室数量来进行表征。普通高校培养并输出高素质人才，使其具备创新的基础即专业知识与能力；国家重点实验室是国家开展研究的重要基地；教育部重点实验室也是国家科技创新体系的重要组成部分。在企业中，本研究分别选取高新技术企业数量和规模以上工业企业数量来进行表征。当代市场竞争激烈，企业为了降低成本、赢得市场，争相进行科技创新。高新技术企业是知识密集、技术密集的经济实体，它们或将科学技术、科学发明应用在新的领域中，或以新技术革新原有领域，持续进行研究开发与技术成果转化；规模以上工业企业的年主营业务收入需达到2000万元以上，企业若想长期保持甚至超越这个收入标准，因循守旧是做不到的，必须持续不断地进行技术创新，由此，规模以上工业企业也成为城市创新供给必不可少的主体之一。

环境供给包括创新资金供给、创新产出供给、创新文化支撑、创新环境供给和创新设施保障。其中，在创新资金供给中，本研究分别选取固定资产投资额、教育支出和科技支出来进行表征。创新需要一定的资金投入作为物质基础，包括建造和购置固定资产、配置各级各类学校人员及教育基本建设、研究和试验发展及与科技活动有关的资源的调动，这些都是促进创新产出的必要资金供给。在创新产出供给中，本研究分别选取发明专利申请量和论文发表量来进行表征。作为社会发明创造的一种形式，发明专利也是一种创新产出，而发明专利的申请数量也代表了发明者追求创新的积极性；发表论文是科研人员及专业技术人员进行创新产出的必经之路，论文发表量越多，在一定程度上也就说明创新产出量越大。在创新文化支撑中，本研究分别选取公共图书馆藏书量和剧场及影剧院数量来进行表征。推动城市创新发展需要一定的文化环境支撑，公共文化基础设施免费为群众提供文化学习平台，是开展群众文化活动的重要阵地。公共图书馆、剧场及影剧院是公共文化基础设施的一部分，所以公共图书馆藏书量和剧场及影剧院数量可在一定程度上体现文化环境对于创新的支撑强度。在创新环境供给中，本研究分别选取建成区绿化覆盖率、污水集中处理率、生活垃圾无害化处理率和城市工业固体废弃物综合利用率来进行表征。清洁舒适的环境为创新提供良好的外部条件，而营造清洁舒适的环境主要依靠的途径包括绿化的增加和各种废弃物的有效处理等。建成区绿化覆盖率能够体现城市空气、水、土壤等的质量，而污水集中处理率、生活垃圾无害化处理率和城市工业固体废弃物综合利用率则可以体现城市对于不利于环境改善的因素的有效处理力度。在创新设施保障中，本研究分别选取万人医院床位、互相联网用户数量、旅客周转量、限额以上零售企业中百货商场数量和人均道路长度来进行表征。充足的设施保障有助于创新活动更加顺利地开展，万人医院床位代表医疗卫生方面的设施保障，互相联网用户数量代表通讯方面的设施保障，旅客周转量和人均道路长度均代表交通运输方面的设施保障，限额以上零售企业中百货商场数量代表贸易方面的设施保障。

3.2.4　城市创新需求系统评价指标体系

通过城市创新系统发展，实现城市经济-社会的综合发展是开展科技创新的重要目标，在构成上表现为经济、社会（包括人口）系统或要素的组合。

因此，本书构建的创新需求子系统评价指标体系如表3.2所示，由于无论是经济发展需求还是社会进步需求都难以量化，本书只能通过测度期内不同时间的经济和社会发展现实情况体量近似表征其经济社会发展需求。

表3.2 **城市创新需求系统评价指标体系**

目标层	准则层	指标层	指标内容	单位
城市创新需求系统评价指标体系	经济	水平	地区生产总值	亿元
			地方财政收入	亿元
		结构	第二产业产值	亿元
			第三产业产值	亿元
			第二产业比重	%
			第三产业比重	%
	社会	人口	信息传输、计算机服务和软件业从业人员数量	人
			科学研究、技术服务和地质勘查业从业人员数量	人
		生活	人均GDP	元
			城镇居民可支配收入	元

经济需求包括经济水平和经济结构两个指标层。其中，在经济水平方面，本研究分别选取地区生产总值和地方财政收入来进行表征。地区生产总值反映了本地区所有常住单位在一定时期内生产活动的最终成果，地方财政收入则是指地方财政年度收入。从理论以及以往经验来看，城市创新的进步将会在很大程度上推动地区经济的发展，那么此时就需要地区生产总值和地方财政收入两个指标来进一步验证。在经济结构方面，本研究分别选取第二产业产值、第三产业产值、第二产业比重和第三产业比重来进行表征。我们设定第二产业和第三产业的从业人员数量为城市创新提供基本人力供给，反过来，科学技术的不断创新是否会为第二产业和第三产业的发展提供强有力的支持，第二产业产值、第三产业产值、第二产业比重和第三产业比重即能够体现。

社会需求包括人口和生活两个指标层。其中，在人口方面，本研究分别选取信息传输、计算机服务和软件业从业人员数量和科学研究、技术服务和地质勘查业从业人员数量来进行表征。信息传输、计算机服务、软件业、科学研究、技术服务和地质勘查业等都是技术性很强的学科或专业，其从业人员所需要具备的专业知识与能力也相对更高一些，而城市创新的发展可以为这些学科或专业岗位提供更多、综合素质更高的人才，因此以上各个学科或专业的从业人员数量可以体现城市创新的水平。需要说明的是，无论是信息传输、计算机服务和软件业从业人员，还是科学研究、技术服务和地质勘查业从业人员，都既是长江中游城市群创新发展所急需的人才资源，而作为一般非农人口的基本属性，二者还是长江中游城市群创新供给子系统的组成部分，故而本书在计算创新供给时并未将二者进行剔除，而是同时体现了二者在长江中游城市群创新供给子系统和创新需求子系统中的不同内涵以及不同作用。在生活方面，本研究分别选取人均 GDP 和城镇居民可支配收入来进行表征。人均 GDP 和城镇居民可支配收入关系到居民的生活水平和质量，城市创新的发展在促进地区经济发展的同时，将带动人均 GDP 和居民可支配收入的增加。

3.3 数据处理与模型构建

城市创新供给系统评价指标体系和城市创新需求系统评价指标体系中都包含了大量的指标，这些指标数据拥有不同的单位和不同的量纲，对于不同单位不同量纲的不同指标数据我们无法通过简单加总求和的方式来度量其总体水平，而必须通过无量纲化处理然后进行运算。同时各项指标数据对于城市创新供给需求系统的贡献度和重要程度也各不相同，如果把去量纲化的数据加总求和则无法反映各个城市创新系统建设的实际情况，不具备科学研究意义。因此，本书通过相关模型方法对指标数据进行赋权处理，然后通过城市创新供需系统发展模型来分别量化城市创新供给系统评价指标体系和城市创新需求系统评价指标体系。在模型方法的选择上，本书既要注重客观科学性，又要兼顾主观的现实性，因而选择多种指标赋权方法对城市创新供给系统评价指标体系和城市创新需求系统评价指标体系中的指标进行主观赋权和客观赋权，其中主观赋权采用层次分析法（analytic hierarchy process，AHP），客观赋权采用熵权法。而主观赋权和客观赋权的结果如果采用简单求算术平均数则忽略了数据之间的非线性关联，因此本书选择 D-S 理论证据合成法对主观权重和客观权重进行综合权重测度。

3.3.1 层次分析法

本书对城市创新供给和需求系统指标评价体系的主观权重采用层次分析法来确定。层次分析法在对指标进行主观赋权时具有良好的科学性，它是由美国的运筹学家托马斯·塞蒂（T. L. saaty）在20世纪70年代中期提出的一种方法。由于它可以将定性和定量有效结合起来并进行系统化和层次化的赋权，层次分析法在生态（周华坤，赵新全，等，2005；李崧，邱微，等，2006）、旅游（徐菲菲，杨达源，2005；刘勇，韩泰凡，等，2006；程静静，胡善风，等，2016）、资源（荆全忠，姜秀慧，等，2006；张成凤，粟晓玲，等，2017）、物流（许国兵，张文杰，2007）、企业管理（张霞，刘明俊，2007；史志明，时静静，2008）和风险评估（孙建华，2009；吉庆华，2011）等诸多领域都得到了广泛的应用。

本书通过层次分析法对城市创新供给系统评价指标体系和城市创新需求系统评价指标体系的指标进行主观赋权的基本步骤包括：

（1）根据表3.1和表3.2中的不同目标层、准则层和指标层等阶层结构建立递阶层次结构模型。首先要分析所要解决的问题，即城市创新供给系统评价体系的指标权重和城市创新需求系统评价体系的指标权重，并将其根据准则层和指标层进行具体的层次化处理。城市创新供给系统评价体系的指标权重和城市创新需求系统评价体系的指标权重被分解为准则层和指标层两个部分，以及指标层包含的具体指标内容元素。（2）构造出各层次中的所有判断矩阵；（3）计算权重并做一致性检验；（4）计算组合权重并做组合一致性检验。

3.3.2 熵权法

熵是一个热力学概念，最早引入信息论，现今广泛应用于经济增长（宋利格，陈迅，2006；余凤鸣，杜忠潮，等，2011；丁刚，姚爽，2015）、科技（尹航，孙希波，等，2007；傅毓维，2007）、生态（郑成功，朱祖平，2007；Wang，2018；王嵩，等，2018）、旅游（李创新，马耀峰，等，2007）等领域，其具体的求解步骤如下：

（1）指标的标准化处理

$$s_{ij} = \frac{x_{ij} - x_{j\min}}{x_{j\max} - x_{j\min}}(\text{正向作用})，\text{或 } s_{ij} = \frac{x_{j\max} - x_{ij}}{x_{j\max} - x_{j\min}}(\text{负向作用}) \qquad (3.1)$$

X_{ij}为长江中游城市群创新系统中第i个城市的第j项指标的原始数据，$x_{\max}$和$x_{\min}$分别是第i个城市的第j项指标所对应的最大值和最小值，s_{ij}为标准化之后的值。

（2）计算信息熵值

$$e_j = -\frac{1}{\ln M}\sum_{i=1}^{n} s_{ij}\ln s_{ij} \qquad (3.2)$$

在式（3.2）中，e_j为长江中游城市群所选取的第 j 项指标信息熵值，M 为长江中游城市群中城市的总数，为保证计算有意义，当 $s_{ij}=0$ 时，取 $s_{ij}=0.000001$ 代替。

然后，计算长江中游城市群各评价指标熵权：

$$w_j = d_j / \sum_{i=1}^{m} d_j \tag{3.3}$$

式（3.3），d_j为第 j 项指标的信息效用值，$d_j=1-e_j$，w_j为第 j 项指标的权重。

将各项指标的熵权与各研究对象的标准化指标值对应相乘并求和，计算得出第个评价对象的综合评价值。

3.3.3 D-S 证据理论合成

D-S 证据理论能够很好地表示“不确定”，适用于诸多领域。Dempster 合成规则（Dempster's combinational rule）也称证据合成公式。设 Θ 是一个识别框架，或称假设空间，对于 $\forall A \subseteq \Theta$，Θ 上的两个 mass 函数 m_1、m_2 的 Dempster 合成规则为：

$$m_1 \oplus m_2(A) = \frac{1}{K}\sum_{B\cap C=A} m_1(B)\cdot m_2(C) \tag{3.4}$$

式（3.4）中，K 为归一化常数：

$$K = \sum_{B\cap C\neq 0} m_1(B)\cdot m_2(C) = 1 - \sum_{B\cap C=0} m_1(B)\cdot m_2(C) \tag{3.5}$$

3.3.4 城市创新系统发展模型

$$y_s = \sum_{j=1}^{l} d_j\left(\sum_{j=1}^{m} x_{dj} \times x_{sj}\right) \tag{3.6}$$

式（3.6）中，d_j表示三级指标的权重，由层次分析法、熵权法和 D-S 证据理论合成法共同确定，x_{dj}表示长江中游城市群创新需求子系统/供给子系统指标内容层（表 3.1 和表 3.2 的第四列）中第 j 个因子值，x_{sj}表示长江中游城市群城市创新需求子系统/供给子系统指标层（表 3.1 和表 3.2 的第三列）中第 j 个因子值，c_j表示指标层内指标的权重，b_j表示准则层的权重，l、m、n 分别为表 3.1 和表 3.2 中准则层、指标层和指标内容的指标个数，y_s为长江中游城市群城市创新需求子系统/供给子系统的综合发展值。

3.3.5 空间可视化研究法

创新的空间关联是当前研究的热点（张建清，等，2019），借鉴相关研究

（彭程，陈志芬，等，2016；卢飞，刘明辉，2017；孙才志，王雪利，等，2018），本书采用全局 Moran's I 统计量来分析长江中游城市群创新供给子系统和创新需求子系统发展过程中的空间关联及差异程度，具体公式可表示为：

$$\text{Moran's } I = \frac{\sum_{i=1}^{n}\sum_{j\neq i}^{n} W_{ij}Z_iZ_j}{\sigma^2 \sum_{i=1}^{n}\sum_{j\neq i}^{n} W_{ij}},\ \left(Z_i = \frac{X_i - \overline{X}}{\sigma},\ \overline{X} = \frac{1}{n}\sum_{i=1}^{n} X_i,\ \sigma = \frac{1}{n}\sum_{i=1}^{n}(X_i - \overline{X})^2\right) \tag{3.7}$$

式（3.7）中，n 为长江中游城市群所包含的城市总数，W_{ij} 为按距离所构建的长江中游城市群所包含城市空间权重矩阵，Z_i 是 X_i 的标准化变换后的结果。Moran's I 取值范围在-1 与 1 之间，Moran's I 值趋向于 1，表明长江中游城市群的创新需求子系统/供给子系统呈现绝对的空间正相关；Moran's I 趋向于 0，表明长江中游城市群的创新需求子系统/供给子系统呈现空间随机分布；Moran's I 趋向于-1，表明长江中游城市群的创新需求子系统/供给子系统呈现绝对的负相关。

局部空间自相关可进一步帮助理解创新供给子系统和创新需求子系统的“热点”，其公式可表示为：

$$\text{Local Moran's } I = Z_i \sum_{j=1}^{n} w_{ij} Z_j \tag{3.8}$$

该系数为正，表明同属性要素临近；该系数为负，表示不同属性要素临近。

4 城市创新系统协同创新的时空分异

本章将以长江中游城市群为例，根据表3.1和表3.2所建立的长江中游城市群城市创新供给系统评价指标体系和创新需求系统评价指标体系，利用层次分析法、熵权法和D-S证据理论合成法，测度长江中游城市群各城市创新供给系统和创新需求系统的评价得分，并按照城市创新供给系统的时空演化、城市创新需求系统的时空演化两个角度分别进行分析，然后在分析的基础上，测度长江中游城市群的城市创新供需系统时空异速生长。

4.1 研究区域概况

4.1.1 地理概况

建立理论和实证分析研究路径，通过城市-区域的实证分析论证，洞悉长江中游城市群创新系统协同演化机理。长江经济带是全球货运量第一的黄金水道，是全国除沿海开放地区以外，经济密度最高的经济地带（张建清，等，2018），而长江中游城市群是长江经济带的重要组成部分和有力支撑区域。本研究的长江中游城市群范围来自《长江中游城市群发展规划》。长江中游城市群包括了武汉城市圈、环长株潭城市群、环鄱阳湖城市群三个次级城市群，其国土面积约31.7万平方公里，经济水平较为发达，拥有众多人口，在创新发展方面具有坚实的基础条件，其地理位置更是“承东启西、连南接北”，是长江经济带三大跨区域城市群支撑之一（周正祥，张桢稹，2016；吴巧生，李慧，2016；张建清，2017）。其中，武汉城市圈的规划范围包括：武汉市、黄石市、鄂州市、黄冈市、孝感市、咸宁市、仙桃市、潜江市、天门市、襄阳市、宜昌市、荆州市、荆门市；长株潭城市群包括长沙市、株洲市、湘潭市、岳阳市、益阳市、常德市、衡阳市、娄底市；环鄱阳湖城市群包括南昌市、九江市、景德镇市、鹰潭市、新余市、宜春市、萍乡市、上饶市及抚州市与吉安市的部分县（区），由于天门、仙桃、潜江三市为省直管县级市，与其他地级及省会城市存在显著差别，且在城市创新系统时序发展数据上难以获取，因此本研究的长江中游城市群范围为去除这三个县级市的范围。作为长江经济带的重要组成部分，长江中游城市群无论在经济发展、社会进步还是生态建设中都有着良好的基础，并形成了一定的示范作用。

4.1.2 经济概况

近年来，借助中部崛起、全方位深化改革、推进新型城镇化等政策的大力支持，以及长江黄金水道的天然运输条件，长江中游城市群经济发展速度较快且差距不断缩小（马勇，童昀，2016；谢尚，邓宏兵，2018），在国内经济增长速度下滑的态势下经济发展仍然稳中求进（张雅杰，2015）。2016 年长江中游城市群内各城市的经济指标如表 4.1 所示，从经济发展水平来看，武汉、长沙和南昌排名长江中游城市前三位，三个城市的各项指标也均领先于其他城市，由此形成了以武汉、长沙和南昌三个为核心的经济扩散半径，辐射整个长江中游经济带。

表 4.1 **长江中游城市群各城市经济发展指标（2016 年）**

		地区生产总值(当年价格)(万元)	人均地区生产总值(元)	地区生产总值增长率(%)	工业总产值(当年价格)(万元)	社会消费品零售总额(万元)	当年实际使用外资金额(万美元)
武汉城市圈	武汉市	119126100	111469	7.8	129352100	56105883	852255
	黄石市	13055500	53033	7.2	20897900	6495900	14600
	宜昌市	37093600	89978	8.8	61711938	12403273	39149
	襄阳市	36945100	65663	8.53	65308000	13252553	82426
	鄂州市	7978200	74983	8	14243000	2984536	27087
	荆门市	15210000	52470	8.5	33194800	6142260	37630
	孝感市	15766900	32236	7.9	28088979	8836626	37269
	荆州市	17267500	30305	7.3	24686737	10561334	14360
	黄冈市	17261700	27373	7.6	19298700	9739400	12930
	咸宁市	11079300	44027	7.6	18159100	4425352	6998

续表

		地区生产总值(当年价格)(万元)	人均地区生产总值(元)	地区生产总值增长率(%)	工业总产值(当年价格)(万元)	社会消费品零售总额(万元)	当年实际使用外资金额(万美元)
长株潭城市群	长沙市	93569088	124122	9.4	115582830	41174019	481384
	株洲市	24884543	62081	7.85	33750000	9364854	105130
	湘潭市	18667869	65946	8.4	32907164	5823627	105503
	衡阳市	28530158	39020	7.9	21906767	11279795	114559
	岳阳市	31008720	54832	7.8	50211883	11428833	41538
	常德市	29538202	50543	8.7	25987282	10579981	88889
	益阳市	14931802	33772	7.8	22281619	6414707	23947
	娄底市	14001393	36058	7.6	19455281	4852746	39800
环鄱阳湖城市群	南昌市	43549927	81598	9	61339695	18680021	306452
	景德镇市	8401484	50989	8.6	11793661	3006126	18772
	萍乡市	9982752	52330	9.1	17427765	3380777	33664
	九江市	20961347	43338	9.37	53282678	6567812	180313
	新余市	10361912	88548	8.6	15459759	2399510	39868
	鹰潭市	6953489	60136	8.8	20580876	1946627	26460
	吉安市	14613721	29772	9.2	32817400	4486619	97473
	宜春市	17819520	32269	9	41088633	5962459	70969
	抚州市	12109070	30259	8.8	16944583	4802681	42608
	上饶市	18177664	26996	9	32523951	7211204	103857

数据来源:《中国城市统计年鉴》(2017)。

4.1.3 社会发展概况

在经济的高速发展下，长江中游城市群各个城市的社会也有了长足的进步，人口增长水平可观，城镇化水平不断提升，信息化水平跨越式提升，社会服务水平大幅增长（张建清，王艳慧，2016；马静等，2016；廖传清，郑林，2017；姜磊，周海峰，2017）。2016年长江中游城市群内各城市的社会发展指标如表 4.2 所示，从社会发展水平来看，无论是信息通讯，还是医疗卫生，无论是就业水平，还是文化建设，长江中游城市群各个城市均有良好的基础，为长江中游城市群的创新发展提供了强有力的基础条件。

表 4.2 长江中游城市群各城市社会发展指标（2016 年）

		年末户籍人口（万人）	城镇单位从业人员期末人数	固有电话年末用户数（万户）	移动电话年末用户数（万户）	互联网宽带接入用户数（万户）	普通高等学校数量	公共图书馆图书总藏量（千册、千件）	医院、卫生院床位（张）	医生数（执业医师+执业助理医师）(人)
武汉城市圈	武汉市	834	2132591	222	1519	489	84	15491	78896	34730
	黄石市	270	307412	36	205	45	4	1397	15400	5334
	宜昌市	394	942579	53	388	128	5	6190	24949	10459
	襄阳市	594	1009946	61	479	111	5	2033	32107	13234
	鄂州市	111	220938	16	95	24	1	420	5804	2191
	荆门市	300	394843	30	217	48	2	1085	15743	7278
	孝感市	523	825944	47	320	66	3	1063	18856	8485
	荆州市	646	424122	60	396	131	7	1242	26751	12695
	黄冈市	747	675332	72	389	91	4	2423	34031	12859
	咸宁市	304	229737	40	228	55	2	948	13716	6720
长株潭城市群	长沙市	696	1209318	171	1048	227	51	10797	64805	27271
	株洲市	404	456409	56	331	76	11	1804	24256	8562
	湘潭市	290	472448	24	260	54	10	1410	16757	6903
	衡阳市	799	535140	76	477	93	9	2040	39300	17100
	岳阳市	571	469040	71	397	85	4	1190	27589	14312
	常德市	611	417351	53	465	93	5	1648	31211	13347
	益阳市	484	269330	30	303	52	4	1180	21625	10570
	娄底市	453	297330	33	281	55	3	969	21787	6341

续表

		年末户籍人口(万人)	城镇单位从业人员期末人数	固有电话年末用户数(万户)	移动电话年末用户数(万户)	互联网宽带接入用户数(万户)	普通高等学校数量	公共图书馆图书总藏量(千册、千件)	医院、卫生院床位(张)	医生数(执业医师+执业助理医师)(人)
环鄱阳湖城市群	南昌市	523	1259810	102	625	143	53	1690	28477	13139
	景德镇市	169	192414	17	137	39	4	1050	7778	4783
	萍乡市	200	210060	23	148	36	3	954	10345	4413
	九江市	520	435243	70	375	95	7	2242	20631	9399
	新余市	124	144207	13	109	29	5	751	5114	2478
	鹰潭市	128	147243	12	89	41	2	427	4997	2446
	吉安市	535	373161	41	355	71	2	1604	20661	7619
	宜春市	602	458386	52	353	71	4	460	21218	7971
	抚州市	401	377139	25	242	56	4	1494	12658	5308
	上饶市	782	433828	67	492	90	3	3197	25080	10552

数据来源:《中国城市统计年鉴》(2017)。

4.1.4 生态发展概况

在长江中游城市群早期发展过程中，存在着一系列的生态环境问题，但近年来随着对环境保护的不断重视（秦尊文，2014；马勇，黄智洵，2016；吴传清，黄磊，2017），以及“绿水青山”就是“金山银山”等思想影响，长江中游城市群把环境保护放在了首要位置，出台了一系列环境保护政策，为长江中游城市群的生态建设提供了有力的法律保障和政策支持。2016 年长江中游城市群内各城市的生态发展指标如表 4.3 所示，其中绿地面积不断增加，建成区绿化覆盖率提升显著，一般工业固体废物综合利用率和生活垃圾无害化处理率也有不同程度的提升，工业废水排放量和工业烟（粉）尘排放量下降趋势显著。

表 4.3　　长江中游城市群各城市社会发展指标（2016 年）

		绿地面积（公顷）	建成区绿化覆盖率（%）	工业废水排放量（万吨）	工业烟（粉）尘排放量（吨）	一般工业固体废物综合利用率（%）	生活垃圾无害化处理率（%）
武汉城市圈	武汉市	23217	43.70	12623	54089	97.45	100.00
	黄石市	2857	38.54	4375	47915	93.52	100.00
	宜昌市	6192	41.48	5919	14959	25.26	99.64
	襄阳市	5831	34.68	5380	9398	46.37	88.13
	鄂州市	1784	32.58	1013	27381	84.52	100.00
	荆门市	2045	37.10	2053	11156	58.41	100.00
	孝感市	1797	26.62	4405	6986	58.19	100.00
	荆州市	2790	36.12	5167	6199	39.44	100.00
	黄冈市	1672	33.06	1664	7093	54.17	90.00
	咸宁市	4036	44.18	1421	5600	99.57	100.00
长株潭城市群	长沙市	11177	34.47	4287	6890	94.00	100.00
	株洲市	5657	41.95	3851	9938	93.30	100.00
	湘潭市	3072	41.84	3254	47854	99.97	100.00
	衡阳市	4376	30.14	5688	28693	88.66	100.00
	岳阳市	4580	40.92	8207	4978	71.98	100.00
	常德市	3735	44.37	4064	9379	96.37	92.03
	益阳市	2959	40.08	4581	8451	85.00	100.00
	娄底市	2108	39.86	2821	55407	96.00	100.00
环鄱阳湖城市群	南昌市	12290	40.88	10258	33926	95.00	100.00
	景德镇市	3270	51.44	3928	35274	93.46	100.00
	萍乡市	2022	40.81	1832	26992		
	九江市	5101	50.04	8561	98257	64.10	88.99
	新余市	3770	49.94	3277	53016	94.44	100.00
	鹰潭市	1401	41.33	1669	2564	90.16	100.00
	吉安市	2504	46.16	3503	15310	95.94	100.00
	宜春市	2903	43.87	5506	45293	58.00	65.56
	抚州市	2532	45.88				
	上饶市	3467	34.19	6124	23533	7.32	99.20

数据来源：《中国城市统计年鉴》（2017），空白处为数据缺失。

4.2 城市创新供给系统的时空演化

4.2.1 长江中游城市群整体创新供给系统时空演化

从整体上看，2000—2015年，长江中游城市群创新供给系统发展呈现出快速上升的态势，具体可以分为三个发展阶段（如表4.4所示）：

表4.4 城市群创新供给系统发展指数值

		2000年	2005年	2010年	2015年
核心供给	基本人才供给	0.340	0.088	0.358	0.820
	基本智力供给	0.007	0.521	0.775	0.944
	综合值	0.140	0.348	0.609	0.894
主体供给	高校/科研机构供给	0.089	0.420	0.608	0.862
	企业供给	0.006	0.105	0.624	0.981
	综合值	0.048	0.263	0.616	0.921
环境供给	创新资金供给	0.003	0.124	0.697	0.840
	创新产出供给	0.029	0.299	0.394	0.884
	创新文化供给	0.013	0.191	0.482	0.957
	创新环境供给	0.193	0.447	0.790	0.659
	创新设施供给	0.247	0.267	0.602	0.651
	综合值	0.069	0.251	0.560	0.817
供给系统		0.098	0.303	0.601	0.887

起步发展阶段（2000—2005年），指标值较小但是发展增幅比较明显。在2000年，除基本人才供给之外，各项供给指标的值均较小，基本上是整个测度期内的最低水平。在2000—2005年，各项指标的发展指数值呈现出快速的增长，增长幅度明显。核心供给增长了0.208，增长幅度达到149%，主要是由于基本智力供给的大幅提升（提升0.514）导致的，而基本人才供给则出现了明显幅度的下降，从0.340下降到了0.088，下降幅度高达74.12%，基本人才供给也是所有创新供给指标中唯一一个下降的指标，尽管下降幅度较大但

并未影响核心供给综合值的提升。主体供给的综合值从 2000 年的 0. 048 上升为 2005 年的 0. 263，上升幅度高达 448%，不同于核心供给综合值只依赖于基本智力供给的增长方式，主体供给中的高校/科研机构供给和企业供给均呈现出较大幅度的提升，其中高校/科研机构供给水平提升了 0. 331，提升幅度达到了 372%，而企业供给更是从 2000 年极低的 0. 006 上升到了 2005 年的 0. 105，几乎实现了从无到有的变化。环境供给的综合值从 2000 年的 0. 069 上升到了 2005 年的 0. 251，年均上涨了 0. 036，其中创新资金供给上升了 0. 121，创新产出供给上升了 0. 27，创新文化供给上升了 0. 178，创新环境供给上升了 0. 254，创新设施供给上升了 0. 02。

快速发展阶段（2005—2010 年），指标值增幅较大，曲线明显上扬。2005 年各项指标均已经达到了一定的水平，而在 2005—2010 年，各项指标的水平继续提升，增长幅度明显。核心供给的综合值上升了 0. 261，上升幅度达到 75%，尽管增长幅度小于 2000—2005 年，但 0. 261 的增长值大于此前的 0. 208，其中基本人才供给在经历了 2000—2005 年的下降后上升最为明显，从 0. 088 一跃上升为 2010 年的 0. 358，尽管如此，但也只比 2000 年略微高出了 0. 018，只能说是恢复到了测度初期的水平，而基本智力供给保持了较大幅度的提升，从 0. 521 上升到了 0. 775，从而带动了核心供给综合值的提升。在主体供给方面，主体供给的综合值从 2005 年的 0. 263 继续保持大幅度上升，在 2005—2010 年间上升了 0. 353，于 2010 年达到了 0. 616 的水平，上升幅度达到了 134%，是各类创新供给中上升幅度最大的，这归功于企业供给的大幅上升，企业供给从 2005 年的 0. 105 上升到了 2010 年的 0. 624，继 2000—2005 年从无到有的变化后实现了从有到强的变化，而高校/科研机构供给虽然上升幅度没有企业供给上升幅度大，但 0. 188 的上升水平也高于各类指标的平均水平。环境供给中的各项指标也都呈现了上升的趋势，其中创新资金供给的上升最为明显，从 2005 年的 0. 124 上升到了 2010 年的 0. 697，表明在此阶段长江中游城市群的经济取得了空前的发展，而在此期间创新产出供给却不如人意，是所有环境供给中提升幅度最小的，2005—2010 年仅增长了 0. 095，同时创新文化供给、创新环境供给和创新设施供给的提升水平均在 0. 3 左右。

稳步上升阶段（2010—2015 年），指标值上升也较大，曲线继续上扬，城市创新供给系统发展趋于平稳。在 2010—2015 年，仅有少数几个指标呈现大幅度的增长，而大多指标的增长幅度则较小。核心供给在 2010—2015 年上升幅度 42. 4%是三个测度期内最低的水平，但综合值增长了 0. 285，与其他测度期的增长值基本持平。不同于其他测度期内核心供给提升主要依靠基本智力供给，2010—2015 年核心供给的提升主要依靠基本人才供给。2010—2015 年的基本人才供给上升了 0.462，是所有指标中上升幅度最为明显的，与此同时基本智力供给从 2010 年的 0.775 也上升到了 2015 年的 0.944。2010—2015 年主体供给上升了 0.305，高于核心供给和环境供给，同时 2015 年主体供给达到了 0.921，也是高于核心供给和环境供给。这是因为高校/科研机构供给和企业供给均保持了较大幅度的增长，其中高校/科研机构供给增长了 0.254，而企业供给则增长了 0.357，仅次于基本人才供给的增长幅度。环境供给在 2010—2015 年间的增长值低于核心供给和主体供给，从 2010 年的 0.560 上升为 2015 年的 0.817，仅增长了 0.257，而 2015 年环境供给的综合值也低于核心供给和主体供给。在环境供给中，创新产出供给和创新文化供给增长幅度较大，表明了长江中游城市群在经历了 2005—2010 年的经济高速增长后大力发展了科研文化。但同时创新设施供给的提升幅度则微乎其微，而创新环境供给则下降了 0.131，因此可以说 2010—2015 年期间创新环境供给和创新设施供给共同阻碍了环境供给的发展，导致环境供给综合值上升幅度最低。

（1）核心供给变动趋势：2000—2015 年，长江中游城市群创新供给系统核心供给子系统总体上呈现快速上升的态势，与整个供给系统发展态势基本一致，曲线拟合基本重合。在这 15 年间，长江中游城市群第二产业从业人员由 2000 年的 486.40 万人上升至 2015 年的 739.42 万人，第三产业从业人员也从 2000 年的 699.90 万人增长至 2015 年的 728.12 万人。在智力人才供给上，长江中游城市群普通高等学校专任教师由 2000 年的 54997 人增长至 2015 年的 187998 万人；普通高等学校在校大学生也由 2000 年的 686223 人上升至 2015 年的 3275829 人。

（2）主体供给变动趋势：2000—2015 年，长江中游城市群创新供给系统主体供给子系统总体上呈现波动快速上升的态势，可分为两个阶段：2000—2005 年为稳步上升阶段；2005—2015 年为极速上升阶段。15 年间，长江中游城市群普通高等学校数量由 120 个上升至 299 个。

（3）环境供给变动趋势：长江中游城市群创新供给系统环境供给子系统在这 15 年期间总体呈现出线性上升的趋势。然而在环境供给中，不同环境供给指标则呈现出不同的变化，其中创新文化供给和创新产出供给的提升最为明显，期末值也最高；而创新环境供给和创新设施供给的提升幅度不到创新文化供给和创新产出供给的一半，二者期末值也是最低的。可以发现尽管环境供给大幅提升，但是创新环境供给和创新设施供给并未有明显的提升，主要是依赖于创新文化供给和创新产出供给的提升，而创新资金供给也有较大幅度的提升。

4.2.2 长江中游城市群城市创新供给系统时空演化

（1）整体优化，呈不断增长态势

2000—2015 年，长江中游城市群创新供给系统均呈现出不同程度的增长态势，其中以武汉市和长沙市为首，年均增长幅度超过 1000%，其中武汉市更是达到 6309%。南昌、宜昌、九江、鄂州、湘潭和衡阳六市年均增长率也超过 200%，其中南昌市创新供给系统年均增长幅度达到 736.54%，供给系统综合发展值在 2015 年也超过 0.97。另外，吉安和抚州这两个城市的创新供给系统发育较为缓慢，在这 15 年间年均增长幅度低于 10%（如表 4.5）。

表 4.5　基于纵向时序比较的长江中游城市群创新供给系统发展指数值

时间（年）	南昌市	景德镇市	萍乡市	九江市	新余市	鹰潭市	吉安市
2000	0.009	0.217	0.020	0.017	0.119	0.054	0.359
2005	0.405	0.359	0.139	0.305	0.330	0.179	0.257
2010	0.612	0.603	0.448	0.604	0.318	0.377	0.420
2015	0.975	0.792	0.976	0.979	0.804	0.977	0.833
时间（年）	宜春市	抚州市	上饶市	武汉市	黄石市	宜昌市	襄阳市
2000	0.213	0.303	0.032	0.000	0.145	0.015	0.061
2005	0.291	0.107	0.351	0.341	0.339	0.249	0.300
2010	0.474	0.686	0.496	0.680	0.702	0.631	0.532
2015	0.797	0.754	0.853	0.947	0.789	0.983	0.958
时间（年）	鄂州市	荆门市	孝感市	荆州市	黄冈市	咸宁市	长沙市
2000	0.025	0.283	0.068	0.142	0.158	0.079	0.002
2005	0.151	0.531	0.216	0.493	0.415	0.361	0.394
2010	0.432	0.592	0.379	0.702	0.650	0.687	0.742
2015	0.844	0.586	0.954	0.802	0.909	0.744	0.979
时间（年）	株洲市	湘潭市	衡阳市	岳阳市	常德市	益阳市	娄底市
2000	0.064	0.028	0.017	0.076	0.045	0.091	0.110
2005	0.399	0.273	0.225	0.397	0.330	0.243	0.102
2010	0.590	0.679	0.762	0.821	0.679	0.757	0.777
2015	0.975	0.959	0.922	0.898	0.962	0.964	0.922

在环鄱阳湖城市群中，从时间维度来看，2000—2005 年的提升速度最为明显，大多数的城市均在此期间实现了两倍甚至是多倍的增长，其中以南昌市、上饶市、九江市和鹰潭市为代表的城市增长幅度最为显著。而还有一些城市的创新供给水平呈现出下降的趋势，下降幅度也较为明显。下降幅度较为明显的城市包括吉安市和抚州市。另外一些城市的创新供给水平则呈现出小幅度的上升。2005—2010 年，环鄱阳湖城市群内的所有城市的创新供给水平均呈现上升变化，尤其是 2000—2005 年创新供给水平下降的城市上升幅度最大。2010—2015 年，环鄱阳湖城市群内的各个城市的创新供给水平依然保持了全部上涨的趋势，并将环鄱阳湖整体的创新供给水平提升到了 0.85 左右的水平。从空间维度看，南昌市在测度期初始的创新供给发展指数最低，为 0.009，但其增长幅度是环鄱阳湖城市群中最大的，2000—2005 年首先实现了跨越式增长，然后在 2005—2010 年保持了一定的增长幅度，并于 2010—2015 年再次实现了跨越式增长，于 2015 年达到了 0.975 的水平，排在整个环鄱阳湖城市群的第四名。除南昌市外，萍乡市、九江市和鹰潭市也实现了类似的快速提升，其中萍乡市从 2000 年的 0.020 增长到 2015 年的 0.976，排在环鄱阳湖城市群的第三名，鹰潭市从 2000 年的 0.054 增长到了 2015 年的 0.977，排在环鄱阳湖城市群的第二名，而九江市则从 0.017 增长到了 0.979，成为了环鄱阳湖城市群中创新供给水平最高的城市。与之相反，环鄱阳湖城市群中 2000 年创新供给水平最高的吉安市、抚州市、景德镇市和宜春市在测度期内创新供给水平的增长幅度相对较慢，并在期末的 2015 年均列在环鄱阳湖城市群供给水平的最后四名。

在武汉城市圈中，从时间维度看，2000—2005 年武汉城市圈内的各城市的创新供给水平均有较大幅度提升，而没有一个城市的供给创新水平出现下降。在此期间，各个城市创新供给大多有 0.2 左右的提升，武汉市、荆州市和黄冈市的创新供给水平提升幅度在 0.3 左右，是此期间提升幅度最大的城市，而提升幅度较小的也有 0.1 左右的提升水平。2005—2010 年，武汉城市圈内各个城市的供给水平仍然保持了一定幅度的提升，但不同于 2000—2010 年期间的整体跨越式提升，此期间创新供给水平的提升呈现出明显的两极分化，一部分城市的创新供给提升幅度较大，而另一些城市的创新供给提升幅度有限。在 2010—2015 年，两极分化的创新供给提升现象仍然明显，一些城市从不到 0.5 的创新供给水平一跃提升到了接近 1 的水平，而另一些城市则提升幅度不到 0.1，仍然保持在了 2010 年的创新供给水平。从空间维度看，与环鄱阳湖城市群呈现的创新供给提升现象类似，众多在 2000 年创新供给水平较低的城市提升幅度明显，在测度期末达到了武汉城市圈领先的水平。其中武汉市的创新供给水平提升最为显著，武汉市在2000年的创新供给水平为0.000，而经历了15年的创新建设，在2015年达到了0.947的水平，成为武汉城市圈内排名第三的城市。宜昌市和襄阳市在期初的创新供给水平也较低，分别为0.015和0.061，而两个城市经过大幅度的创新供给提升，在测度期末达到了0.983和0.958的水平，分列武汉城市圈创新供给水平的第一和第二位置。与之相反，荆门市在测度期初的创新供给水平最高，甚至远远超过了其他城市，但在测度期内荆门市的创新供给发展几乎是停步不前的，在测度期末仅仅达到了0.592，排名为武汉城市圈倒数第一。与之相似的是黄石市，其在测度期初创新供给水平排名第二，而在测度期末创新供给水平排名为武汉城市圈的倒数第二。

在长株潭城市群中，从时间维度看，长株潭城市群创新供给的发展规律与环鄱阳湖城市群和武汉城市圈的情况相似。2000—2005年，长株潭城市群内的多数城市的创新供给水平明显提高，只有娄底市的创新供给水平从0.110下降到了0.102，其他城市的创新供给的提升幅度在0.2~0.3范围内，包括湘潭市、衡阳市、常德市和益阳市；有少数城市的提升水平接近于0.4，包括长沙市、株洲市和岳阳市。在2005—2010年，长株潭城市群内的各个城市创新供给水平提升幅度进一步扩大，所有城市创新供给的提升水平均大于0.4，有部分城市的创新供给提升水平甚至达到了0.5，包括岳阳市、益阳市和娄底市。在2010—2015年，长株潭城市群内各城市的创新供给水平放缓，提升幅度重新回到0.2~0.3的水平，此时已经有部分城市的创新供给水平较高，长株潭城市群整体的创新供给水平实现了一个较大的飞跃。从空间维度看，长沙市创新供给水平在期初是整个长株潭城市群中最低的，只有0.002，甚至远低于衡阳市的0.017。长沙市的创新供给水平提升速度也是整个长株潭城市群中最快的，在测度期的15年间，长沙市实现了从0.002到0.979的大幅度提升，并在测度期末的2015年成为长株潭城市群创新供给水平最高的城市。长株潭城市群内的其他城市并没有呈现出类似于环鄱阳湖城市群和武汉城市圈的发展模式，大多数城市均有较大幅度的提升，在测度期末，株洲市、湘潭市、衡阳市、常德市、益阳市和娄底市的创新供给水平均达到了0.9以上，唯一没有达到0.9以上的岳阳市的创新供给也有0.898的水平，相较于环鄱阳湖城市群和武汉城市圈，长株潭城市群的创新供给发展更为全面和均衡，整体水平也较高。

（2）差异较大，空间虹吸效应显著

首先，在2000—2015年的15年测度期间内，长江中游城市群创新供给子系统在空间上呈现出了不断集聚的变化趋势，表4.6中的标准差和基尼系数则在具体数据上量化了长江中游城市群发展过程中的这一空间特点。其中，标准差的值从测度期初的0.182上升到了2015年的0.199，尽管2000—2010年间的标准差从0.199略微下降到了0.195，但整体上并未逆转长江中游城市群在测度期间标准差不断扩大的趋势；而基尼系数则从测度期初的0.427上升到了测度期末的0.469，但是不同于标准差的变化趋势，尽管从测度期初和测度期末基尼系数数值的对比显示了基尼系数的扩大，但测度期内基尼系数只是在2000—2005年出现了大幅提升，在2005—2010年和2010—2015年均呈现下降趋势。因此，长江中游城市群创新供给子系统在整个测度期内呈现出的是集聚趋势，但在测度期内的部分时间段呈现了空间扩散的变化，而这一空间扩散变化并未对整体的空间集聚造成过大影响。

表4.6 基于横向空间比较的长江中游城市群创新供给系统综合发展值统计特征

	极大值	极小值	极差	标准差	基尼系数	全局 Moran' I 系数
2000年	0.980	0.009	0.971	0.182	0.427	-0.146
2005年	0.961	0.016	0.945	0.199	0.491	-0.145
2010年	0.964	0.019	0.945	0.195	0.470	-0.141
2015年	0.971	0.027	0.944	0.199	0.469	-0.152

其次，根据表4.6中第七列的全局 Moran's *I* 指数的变化趋势可以发现，在2000—2015年的测度期内各时期的 Moran's *I* 指数值均为负数，且恒定在[-0.141，-0.152]较小值域内，并未有较大的波动变化，表明长江中游城市群创新供给子系统在空间上呈现了负相关的特点，这一负相关表现为长江中游城市群创新供给子系统高—低、低—高的空间集聚趋势，在空间上向强集聚格局演化。尽管在2000—2015年的测度期内长江中游城市空间上表现出了高—低、低—高的空间集聚趋势，但从表4.6中第四列我们可以发现，长江中游城市群创新供给子系统的极差呈现出不断缩小的趋势，2000—2005年极差从0.971大幅度下降为0.945，2005—2010年极差保持在0.945，2010—2015年极差下降了0.001，变为了0.944。长江中游城市群创新供给子系统极差不断下降的变化趋势表明长江中游城市群内各个城市之间城市创新供给发展水平的差异在不断缩小，结合全局 Moran's *I* 指数的变化情况，说明在空间发育上，

长江中游城市群的城市创新供给子系统的分布特征在2000—2015年15年的测度期内表现为“空间极化”。

此外，从长江中游城市群创新供给子系统空间变化的时间维度来看，不同测度期间内，创新供给子系统的空间集聚程度有所不同。从表4.6第六列的基尼系数来看，2000—2005年长江中游城市群创新供给子系统的基尼系数大幅提升，然后在2005—2015年的测度内基尼系数表现为下降趋势；与之对应，表4.6中第七列的Moran's *I* 指数也表现为先上升后下降的变化趋势，但不同于基尼系数，Moran's *I* 指数在2000—2010年的测度期间内呈现不断上升的趋势，而在2010—2015年表现为大幅度的下降趋势。基尼系数和Moran's *I* 指数的综合变化情况很好地揭示了长江中游城市群创新供给子系统空间集聚的演化趋势。

(3) 以武汉为核心的金字塔结构逐渐凸显

2000—2015年，长江中游城市群创新供给系统空间发育上呈现出由以武汉市为核心的一极独大格局向以武汉市为核心，以长沙市和南昌市为两翼的金字塔结构转变（表4.7所示），具体从时间维度看：(1) 首先，长江中游城市群创新供给子系统在测度期初已经较为显著地形成了以武汉市为核心的一极独大格局，武汉市以0.980的供给系统发展值高居第一，远远超过其他城市，几乎是排在第二位的长沙市（0.498）的2倍。这一年，湖北的鄂州、咸宁和荆门三市，湖南的益阳和娄底二市，以及江西的景德镇、上饶、鹰潭、新余和萍乡五市创新供给系统发育程度较低，位居整个长江中游城市群的底端。(2) 2005—2015年，随着“中部崛起”战略的实施，以武汉为中心的武汉城市圈，以长沙、株洲和湘潭为中心的长株潭城市群和以南昌、宜春为中心的环鄱阳湖城市群得到了快速的发展，其中长沙市创新供给系统发育较快，由2000年的0.498上升至2015年的0.620，跃居第二层次；南昌市创新供给系统也得到了很好的发育，由2000年的0.307上升至2015年的0.496，接近第二层次。空间上，在这15年间，赣东南和湘西部分城市创新供给系统发育程度始终较低，成为整个长江中游城市群创新发展的“洼地”。

表4.7 **基于横向空间比较的长江中游城市群创新供给系统发展指数值**

时间（年）	南昌市	景德镇市	萍乡市	九江市	新余市	鹰潭市	吉安市
2000	0.307	0.104	0.027	0.143	0.046	0.009	0.182
2005	0.490	0.051	0.033	0.144	0.074	0.016	0.062

续表

时间（年）	南昌市	景德镇市	萍乡市	九江市	新余市	鹰潭市	吉安市
2010	0.437	0.051	0.054	0.140	0.036	0.019	0.077
2015	0.496	0.046	0.049	0.167	0.045	0.027	0.101
时间（年）	宜春市	抚州市	上饶市	武汉市	黄石市	宜昌市	襄阳市
2000	0.244	0.153	0.094	0.980	0.108	0.130	0.157
2005	0.093	0.058	0.099	0.961	0.085	0.134	0.136
2010	0.092	0.091	0.099	0.964	0.090	0.162	0.159
2015	0.123	0.085	0.113	0.971	0.072	0.215	0.230
时间（年）	鄂州市	荆门市	孝感市	荆州市	黄冈市	咸宁市	长沙市
2000	0.041	0.092	0.138	0.159	0.139	0.064	0.498
2005	0.026	0.076	0.107	0.147	0.107	0.054	0.615
2010	0.027	0.082	0.122	0.141	0.116	0.066	0.618
2015	0.039	0.088	0.139	0.134	0.126	0.066	0.620
时间（年）	株洲市	湘潭市	衡阳市	岳阳市	常德市	益阳市	娄底市
2000	0.160	0.122	0.163	0.152	0.104	0.078	0.074
2005	0.161	0.127	0.162	0.140	0.114	0.071	0.068
2010	0.151	0.131	0.174	0.163	0.115	0.078	0.078
2015	0.171	0.147	0.158	0.144	0.120	0.084	0.065

数据来源：通过计算得出。

具体来看，在环鄱阳湖城市群中，南昌市的创新供给发展水平是整个环鄱阳湖城市群内最高的，在测度期初远高于排名第二的宜春市，而在测度期末也远高于近年来发展迅猛的九江市。除了南昌市，环鄱阳湖城市群中的九江市、吉安市和宜春市的创新供给水平也较为引人关注，其中，九江市在测度期初的创新供给水平并不突出，而经历了测度期内 15 年的快速发展，在 2015 年跃居环鄱阳湖城市群中的第二位；与之形成鲜明对比的是吉安市，吉安市在测度期初的创新供给水平是仅次于南昌市的城市，而在 2000—2005 年吉安市的创新供给水平大幅度下降，尽管在 2005—2015 年有所提升，但其创新供给水平已经不如九江等城市；同样的情况也发生宜春市。

在武汉城市圈内，武汉市无论是在测度期初，还是在测度期末，甚至是测度期内的每一年都遥遥领先于武汉城市圈内其他城市，也领先于长江中游城市群内的其他城市。在测度期初，武汉市的创新供给水平就已经达到了0.980，尽管在测度期内有所波动，但始终保持在0.950以上的水平，是其他城市难以企及的，表明了武汉在武汉城市圈乃至整个长江中游城市群中的重要创新供给作用和创新发展地位。受到了武汉市创新水平的溢出影响，武汉城市圈内其他城市的创新供给水平也高于环鄱阳湖城市群和长株潭城市群。在测度期初，荆州市和黄冈市的创新供给水平较高，而在测度期内两市的创新供给水平呈现下降趋势，并逐渐被赶超。同样在测度期初拥有较高创新供给水平的宜昌市和襄阳市则在测度期内逐步提高了创新供给水平，并在测度期末分列武汉城市圈创新供给水平的第二和第三位置，表明了湖北省“一主两副多极”建设的成功。在“多极”中创新水平提升幅度较大且水平较高的则是距离武汉较近的孝感市，表明了武汉市的创新供给的有效外溢。

在长株潭城市群内，作为省会城市，长沙市的创新供给水平在整个测度期内均处于绝对领先位置，而受长沙市创新供给的外溢影响，株洲市和湘潭市的创新供给水平也较高。除了长沙市、株洲市和湘潭市，衡阳市、岳阳市和常德市的创新供给水平也有突出表现，在测度期内保持了平稳的增长。而创新供给水平较低的是益阳市和娄底市，其中益阳市在测度期初的创新供给水平较低，尽管在测度期内创新供给水平一直处于提升状态，但始终未能有较大的突破。娄底市在测度期初的创新供给水平也较低，但不同于益阳市，娄底市在整个测度期内只是保持了一定范围内的波动，并未有实质的提升，因而导致了娄底市测度期末的创新供给水平在长株潭城市群中处于垫底水平。

4.3 城市创新需求系统的时空演化

4.3.1 城市群层面：持续优化，进入快速发展期

在15年的测度期内，长江中游城市群创新需求子系统的变化趋势如表4.8所示，从表结果可知，其发展可以大致分为两个阶段：

表 4.8 基于纵向时序比较的长江中游城市群创新需求系统发展指数值

时间	经济发展			社会发展			需求系统
	经济水平	经济结构	综合值	社会人口	社会生活	综合值	
2000 年	0.005	0.001	0.003	0.353	0.000	0.212	0.087
2005 年	0.111	0.112	0.112	0.241	0.108	0.188	0.142
2010 年	0.555	0.470	0.521	0.424	0.490	0.450	0.493
2015 年	0.927	0.992	0.953	0.792	1.000	0.875	0.922

2000—2005 年为缓慢发展阶段。在 2000 年，除社会人口以外，各项指标均处于较低水平，其中经济水平的创新需求发展指数值为 0.005，经济结构的创新需求发展指数值为 0.001，在二者的共同作用下，经济发展的创新需求发展指数综合值也只有 0.003 的水平；与之相似的是社会生活的创新需求发展指数值，而社会的创新需求发展指数值则较高，达到了 0.353，在社会人口的创新需求发展指数值的强力带动下，社会发展的创新需求发展指数综合值也有 0.212 的水平。经过测度期最初 5 年的发展，经济发展的各项子指标均有所提升，其中经济水平的创新需求发展指数值上升为 0.111，经济结构的创新需求发展指数值也上升到了 0.112，经济水平和经济结构的评分相近也导致了经济发展的创新需求发展指数综合值为 0.112；社会发展中的社会生活的创新需求发展指数值也有一定幅度的提升，但社会人口的创新需求发展指数值呈现出下降趋势，由于受社会人口的创新需求发展指数值影响较大，社会发展的创新需求发展指数综合值也呈现出下降趋势，由于社会生活的创新需求发展指数值提升，因而社会发展的创新需求发展指数综合值下降并不明显。

2005—2015 年为急速上升阶段，经济发展和社会发展及其各项子指标均有较大幅度的提升。在经济发展中，经济水平的创新需求发展指数值从 2005 年的 0.111 稳步上升到了 2015 年的 0.927；与之类似，经济结构的创新需求发展指数值也从 2005 年的 0.112 上升到了 2015 年的 0.992，在经济水平和经济结构的创新需求发展指数值共同促进的作用下，经济发展的创新需求发展指数综合值也呈现出平稳增长的趋势，从 2005 年的 0.112 上升为 2015 年的 0.953。社会发展中的社会生活的创新需求发展指数值与经济发展中的经济水平的创新需求发展指数值和经济结构的创新需求发展指数值相似，但增长幅度更大，从 2000 年的 0.108 上升到了 2015 年的 1.000；社会人口的创新需求发展指数值在经历了 2000—2005 年的下降后，在 2005—2015 年也呈现出高速增长的趋势，但较之经济水平、经济结构和社会生活的创新需求发展指数值，社会人口的创新需求发展指数值增长幅度则较小。而在社会人口和社会生活的创新需求发展指数值均提高的态势下，社会发展的创新需求发展指数综合值也实现了飞跃式发展，从 2005 年的 0.142 上升为 2015 年的 0.922。

综上所述，测度期的 15 年间，长江中游城市群的需求系统发展速度较快，年均增速达到 64%，表明 21 世纪以来长江中游城市群经济社会发展较快。

（1）根据表 4.8 显示的长江中游城市群创新需求子系统及其所包含的经济发展水平可以发现，在 2000—2015 年的 15 年测度期内，长江中游城市群创新需求子系统的发育趋势及变化规律与其所包含的经济发展三级子系统相一致，按照测度时间段不同也可分为四大阶段：

2000—2005 年为缓慢发展阶段。此阶段长江中游城市群的创新需求水平从较低的水平逐步发展，创新需求粗具规模，但增长速度较之 2005—2015 年的增速而言只是小幅度的提升。

2005—2015 年为急速上升阶段。此阶段长江中游城市群的创新需求水平从较低的水平逐步发展到了较高的水平，创新需求已经形成规模，特别是武汉市、长沙市和南昌市形成了引领武汉城市圈、长株潭城市群和环鄱阳湖城市群的创新需求发展的态势，区域创新增长极建设取得显著成效。

总体来看，长江中游城市群创新需求子系统所包含的经济发展水平在测度期的 15 年间有十分明显的增长趋势，其在 2000 年还仅为 0.003，但是到了测度期末的 2015 年已经成长为 0.953 的高水平，达到了 15 年间上升 0.95、年均上升 2026%的极高速发展。这一飞速发展的情况表明，长江中游城市群的经济在 21 世纪以来的 15 年测度期内发展迅猛，这一迅猛增长体现在经济水平和经济结构两大方面，而随着改革的逐步深化和经济运行机制的不断完善，伴随着中部崛起和武汉市在 2015 年 GDP 进入全国万亿元城市俱乐部，并引领着整个长江中游城市群发展，同时长沙市和南昌市的创新需求水平也有大幅度提升，长江中游城市群经济发展在未来也是前景一片光明。

（2）2000—2015 年，长江中游城市群需求子系统所包含的社会发展水平与其所包含的经济发展水平变动趋势类似，在整个测度期内发育趋势总体一致，长江中游城市群创新需求系统社会子系统在 2000—2015 年期间呈现波动上升的趋势，其中在 2000—2005 年呈现出小幅下降的趋势，随后在 2005—2015 年呈现出快速跃升的发展趋势（如表 4.8）。

（3）系统发展特征：长江中游城市群创新需求系统发展较快，特别是 2005 年之后，长江中游城市群在全国经济快速发展的背景下，充分利用了其承东启西、连接南北的地理优势，以及中部崛起等相关的政策条件，在经济社会发展中取得了十分优异的成绩，奠定了长江中游城市群发展的区域基础，并呈现了以下两大经济社会发展特征：

①经济发展速度较快。凭借优厚的自身地理条件和在改革开放以来形成的区位优势，长江中游城市群利用了中部崛起等一系列政策优势，在全国经济高速发展的大背景下，实现了经济水平的高速发展和经济结构的有效转换，其中长江中游城市群地区总产值由 2000 年的 7762.129 亿元上升到 2015 年的 62871.381 亿元，增长 709.98%，地区生产总值的快速提升极大地促进了长江中游城市群经济水平的提升（如表 4.9 第二行所示）。除了高水平的整体经济发展以外，长江中游城市群的经济发展水平提升还体现在人均 GDP 的提升上（如表 4.9 第三行所示）。2000 年，长江中游城市群的人均 GDP 仅为 6513 元，但是在测度期间内人均 GDP 实现了 43.89%的年均增长幅度，且在每隔 5 年的测度区间内，人均 GDP 基本实现了翻倍的增长，在测度期末的 2015 年，长江中游城市群的人均 GDP 达到了 4.94 万元，约为 2000 年人均 GDP 的 6.6 倍。不仅如此，武长江中游城市群三大产业的产值也实现了逐年递增的发展趋势，并以第二产业和第三产业的增长最为明显。在测度期内，长江中游城市群第二产业产值年均提升 57.05%，第三产业产值年均提升 50.96%，并分别在 2015 年达到了 31720.464 亿元和 25240.851 亿元。这些数据都反映出长江中游城市群产业经济发展较快，呈现出良好的发展态势。同样的趋势也可以从长沙市和南昌市看到，表明长江中游城市群形成了以武汉市、长沙市和南昌市为引领的创新发展重要地区。

表 4.9　**2000—2015 年长江中游城市群经济发展的主要指标**

指标	2000 年	2005 年	2010 年	2015 年
地区总产值（亿元）	7762.129	13884.432	34357.898	62871.381
人均地区产值（元/人）	6512.771	11507.653	28384.071	49390.286
第二产业产值（亿元）	3318.678	61053.013	17555.958	31720.464
第三产业产值（亿元）	2920.160	5562.946	12827.191	25240.851

②社会生活质量显著改善。2000—2015 年的测度期间内，长江中游城市群经济社会的巨大发展不止反映在经济发展上，还表现为社会生活质量得到了显著的改善。以人均可支配收入为例，在测度期初仅为 6013.259 元，经过了

测度期内15年的不断完善和发展，这一水平在2015年达到了27441.429元，增长了大约3.6倍。另外，在职工平均工资也增长更快，15年间年均增速为48.8%。生活质量的显著改善有效地促进了社会生活的创新需求提升，并为社会发展创新需求系统发展指数综合值提升提供了强大的动力。

4.3.2 地市层面：持续生长，两极格局显著

(1) 持续生长，发展速率较为一致。在2000—2015年的15年测度期内，尽管不同测度区间内增长幅度略有不同，但长江中游城市群创新需求子系统保持了不断增长的趋势。其中2000—2005年长江中游城市群需求子系统的增长较为缓慢，但是到了2005—2010年测度期区间则表现为较为快速的增长，并在2010—2015年呈现出急速上升的增长态势。其中，以武汉市和九江市为首，两市创新需求系统分别由2000年的0.000、0.000发展至2015年的1.000和1.000。南昌市、鄂州市、孝感市、湘潭市和长沙市5市年均增长率也超过100%（见表4.10）。

表4.10 基于纵向时序比较的长江中游城市群创新需求系统发展指数值

时间	南昌市	景德镇市	萍乡市	九江市	新余市	鹰潭市	吉安市
2000年	0.009	0.120	0.000	0.000	0.120	0.120	0.158
2005年	0.202	0.130	0.182	0.269	0.250	0.238	0.105
2010年	0.387	0.476	0.528	0.581	0.506	0.548	0.479
2015年	1.000	0.926	0.970	1.000	0.829	0.937	0.816
时间	宜春市	抚州市	上饶市	武汉市	黄石市	宜昌市	襄阳市
2000年	0.147	0.132	0.055	0.000	0.120	0.038	0.108
2005年	0.136	0.111	0.226	0.135	0.159	0.156	0.084
2010年	0.523	0.602	0.480	0.410	0.554	0.753	0.285
2015年	0.753	0.778	0.816	1.000	0.920	0.903	1.000
时间	鄂州市	荆门市	孝感市	荆州市	黄冈市	咸宁市	长沙市
2000年	0.018	0.085	0.075	0.123	0.223	0.110	0.019
2005年	0.095	0.094	0.094	0.047	0.177	0.110	0.125
2010年	0.470	0.467	0.529	0.391	0.403	0.473	0.541
2015年	1.000	1.000	1.000	0.913	0.838	0.914	1.000

续表

时间	株洲市	湘潭市	衡阳市	岳阳市	常德市	益阳市	娄底市
2000 年	0.053	0.050	0.120	0.056	0.126	0.120	0.120
2005 年	0.113	0.091	0.151	0.072	0.106	0.091	0.224
2010 年	0.535	0.348	0.567	0.479	0.481	0.473	0.522
2015 年	0.990	1.000	1.000	1.000	0.789	0.805	0.918

在环鄱阳湖城市群中，从时间维度看，2000—2005 年环鄱阳湖内各个城市的创新需求大多呈现出上升趋势，其中九江市和南昌市的增长幅度最大，萍乡市、新余市、上饶市和鹰潭市的创新需求增长幅度也较快；而吉安市、宜春市和抚州市的创新需求水平则呈现出下降的趋势，以吉安市下降幅度最为明显，从 2000 年的 0.158 下降到了 2005 年的 0.105 的水平，而宜春市和抚州市的下降幅度则不像吉安市。2005—2010 年，环鄱阳湖城市群内各个城市的创新需求水平全部呈现出上升的趋势，但上升幅度有较大差异。2000—2005 年上升幅度较大的南昌市在此期间上升幅度有限，而九江市、新余市、鹰潭市和上饶市仍然保持了较快的增长，而此前增长较慢的萍乡市、新余市和呈现负增长的吉安市、宜春市和抚州市在 2005—2010 年创新需求水平大幅提升。2010—2015 年，环鄱阳湖城市群内各个城市依然保持了较高的创新需求增长，南昌市的增长幅度最大，其余各个城市的增长幅度也几乎达到了 0.3 左右的水平。从空间维度看，南昌市的创新需求水平上升较为明显。在测度期初，南昌市的创新需求水平仅为 0.009，排名为环鄱阳湖城市群的倒数第三，仅比萍乡市和九江市略高，而经过了测度期内 15 年的快速发展，南昌市一跃成为环鄱阳湖城市群中创新需求水平最高的城市。另一个创新需求水平最高的城市是九江市，而九江市在测度期内的增长幅度甚至比南昌市还大，2000 年九江市的创新需求水平为 0.000，但是经历了测度期 15 年的巨大变化，九江市已然成为环鄱阳湖城市群中最具创新活力的城市。萍乡市同九江市类似，在测度期初的水平也是 0.000，经历了测度期内 15 年的增长后达到了 0.970 的水平，跃居环鄱阳湖城市群第三。在 2000—2005 年创新需求下降的吉安市、宜春市和抚州市尽管在之后的 10 年中有效地提高了本市的创新需求水平，但整体上分列环鄱阳湖城市群的倒数三名。

在武汉城市圈中，从时间维度看，2000—2005 年，大多数武汉城市圈内城市的创新需求水平呈现出了小幅度的上升趋势，只有少数几个城市的创新需求水平较快。武汉市是少数几个创新需求水平提升较快的城市之一，2000 年武汉市的创新需求水平仅为 0. 000，是整个武汉城市圈内创新需求水平最低的城市，但在 2005 年上升到了 0. 159，是 2000—2005 年武汉城市圈内创新需求水平上升最快的城市。同样在此期间实现创新需求水平提升较快的城市还有宜昌市，宜昌市的创新需求水平从 2000 年的 0. 038 快速增长到了 2005 年的 0. 156。鄂州市、荆门市和孝感市的创新需求水平仅有小幅度的提升，襄阳市、荆州市和黄冈市的创新需求水平则出现了不同程度的下降，孝感市的创新需求水平保持不变。在 2005—2010 年，武汉城市圈内各个城市的创新需求水平均有较大幅度的提升，而这一大幅度提升在 2010—2015 年得以继续保持，致使武汉城市圈内的多数城市在测度期末达到了较高的创新需求水平。从空间维度上看，武汉市的创新需求水平提升最为明显，武汉市在 2000 年的创新需求水平还是整个武汉城市圈内最低的 0. 000，经历了 2000—2010 年的小幅度提升后，在 2010—2015 年实现了大跨度的提升，创新需求水平达到 1. 000，成为武汉城市圈内创新需求水平最高的城市之一。有着同样大幅度提升的城市还有鄂州市、荆门市和孝感市，在测度期初，鄂州市、荆门市和孝感市的创新需求水平均低于 0. 1，而在 2000—2005 年也只有极小幅度的提升，但是在 2010—2015 年实现了创新需求水平的巨大提升，并于测度期末达到了 1. 000。除了武汉市、鄂州市、荆门市和孝感市以外，另一个在测度期末达到 1. 000 水平的城市是襄阳市，襄阳市在测度期初的创新需求水平较其他武汉城市圈内城市高，但是在 2000—2005 年创新需求水平滑坡式下降，仅仅高于荆州市，但在 2005—2015 年襄阳市的创新需求水平提升速度最快，以至于在测度期末成为武汉城市圈内创新需求水平最高的城市之一。在未达到 1. 000 创新需求水平的城市中，宜昌市创新需求水平最快，宜昌市从 2000 年的 0. 039 提高到了 2015 年的 0. 903。黄冈市是武汉城市圈内创新需求提升最为缓慢的城市，黄冈市在测度期初拥有较高的创新需求水平，但是缓慢的创新需求发展导致了黄冈市在测度期末的创新需求水平仅为 0. 838，在整个武汉城市圈内垫底。

在长株潭城市群中，从时间维度来看，2000—2005 年，长株潭城市群内大多数城市的创新需求水平均有较小幅度的提升，提升较快的是娄底市和长沙市，而株洲市、湘潭市、衡阳市和岳阳市的创新需求提升幅度较小，常德市和益阳市的创新需求水平还出现了较小幅度的下降。在 2005—2010 年，长株潭城市群内各个城市的创新需求水平具有较大幅度的增长，增长幅度大致在0.3~0.4，其中创新需求水平提升较快的是长沙市和株洲市，两市的创新需求水平幅度均在0.4以上。2010—2015年，长株潭城市群内各个城市的创新需求水平仍然保持了较大幅度的提升，致使长株潭城市群内的长沙市、湘潭市、衡阳市和岳阳市的创新需求水平达到了1.000的水平，但除了达到1.000创新需求水平的四个城市以外，其他没有到这一水平城市的创新需求水平差异较大，承德市和益阳市的创新需求水平在0.8左右，娄底市的创新需求水平在0.9左右，而株洲市的创新需求水平接近1.000。从空间维度来看，长沙市的创新需求水平提升较为显著，2000年长沙市的创新需求水平还只有0.019，虽然在2000—2005年有小幅度提升，但也只有0.125的水平，不过这一情况在2005—2015年得到扭转，长沙市一跃成为长株潭城市群内创新需求水平最高的城市之一。与长沙市需求水平提升幅度相类似的城市还有株洲市、湘潭市、衡阳市和岳阳市，其中株洲市、湘潭市和岳阳市的创新需求水平在测度期初均低于0.1，而在测度期内提升幅度巨大。同时湘潭市、衡阳市和岳阳市也是除了长沙市之外达到1.000水平的城市。相比之下，常德市、益阳市和娄底市的创新需求水平提升则没有如此显著。在测度期初，常德市、益阳市和娄底市的创新需求水平分列长株潭城市群的第一到第三位，而在2000—2005年常德市和益阳市的创新需求水平还出现了小幅度的下降，加上三个城市在2005—2015年的增长乏力，导致了常德市、益阳市和娄底市三市在测度期末位列长株潭城市群的倒数三位。

（2）城际差异较大，两极分化显著。在15年的测度期内，长江中游城市群创新需求子系统呈现出明显的两极分化特征，具体分化程度可以从表4.11的第四列极差和第五列标准差中反映，其中，极差从2000年的0.917上升至2015年的0.918，尽管只有0.001的上升幅度，但鉴于长江中游城市群需求子系统本身极差较大，极差的继续扩大深刻地反映了两极分化趋势；另一方面，标准差也从2000年的0.183上升为2015年的0.206，相较于极差，标准差的变化更好地刻画了长江中游城市群创新需求子系统的两极分化特征。同时可以反映这一特征的还有基尼系数的变化，在2005年之后，长江中游城市群的基尼系数已经超过了0.4并继续扩大，在2015年达到了0.466的较高水平（如表4.11第六列所示），也形象地刻画了长江中游城市群城际差异扩大的现实情况，值得我们反思。

表 4.11 基于横向空间比较的长江中游城市群创新需求系统综合发展值统计特征

	极大值	极小值	极差	标准差	基尼系数	全局 Moran' I 系数
2000 年	0.967	0.050	0.917	0.183	0.393	-0.082
2005 年	0.975	0.061	0.914	0.199	0.408	-0.181
2010 年	0.960	0.046	0.914	0.210	0.449	-0.181
2015 年	0.963	0.045	0.918	0.206	0.466	-0.170

从表 4.11 第七列的 Moran's *I* 指数可以发现，尽管 2000 年 Moran's *I* 指数仅为-0.082，但是在 2000—2005 年的测度区间内 Moran's *I* 指数一跃发展为 0.181，并在此后一直保持在-0.180 左右。这一 Moran's *I* 指数变化情况反映了长江中游城市群需求子系统在成长时所表现的空间负相关特征，也表明了长江中游城市群创新需求子系统在发展过程中所呈现的“两极”格局。

（3）由核心边缘格局向两极格局演化。2000—2005 年，长江中游城市群创新需求系统整体水平不高，需求系统平均发展水平仅为 0.203，武汉市以 0.967 的需求系统发展值高居长江中游城市群第一位，而排在第二位的长沙市，仅为 0.576，另外 19 个城市的需求系统发展值低于城市群平均水平，长江中游城市群创新需求系统空间发展明显形成了以武汉为核心的中心-外围格局。2005—2015 年，长沙市创新需求系统发展较快，在 2010 年末其创新需求系统发展值已达到 0.828，与武汉市的差距缩小，逐渐成长为长江中游城市群创新需求空间发育的第二个核心城市，而其余城市的需求系统发展仍然缓慢，至 2015 年末，由 22 个城市的创新需求系统发展值低于城市群平均值（0.178），表明长江中游城市群创新需求系统发育的马太效应显著。

具体来看，在环鄱阳湖城市群中，南昌市的创新需求水平在整个测度期内都是最高的，且远高于环鄱阳湖城市群内的其他城市，但是南昌市的创新需求水平并非一直提升的，而是呈现出波动上升的趋势，其中 2000—2005 年和 2010—2015 年呈现上升趋势，而 2005—2010 年呈现出下降的趋势。除了南昌市以外，环鄱阳湖城市群中仅有九江市、新余市和上饶市的创新需求水平在测度期内达到了 0.1 以上，其中九江市的创新需求水平一直保持在 0.1 以上，而新余市和上饶市只是在测度期初低于 0.1，而后也一直处于 0.1 水平之上。其他环鄱阳湖城市群内城市的创新需求水平皆低于 0.1，抚州市的创新水平最低，在测度期末为 0.045。

在武汉城市圈中，武汉市的创新需求水平在整个15年的测度期内均保持在0.95以上的水平，不仅远超过武汉城市圈内的其他城市，在整个长江中游城市群中也远好于其他城市。武汉市的创新需求水平波动并不明显，说明了武汉在武汉城市圈乃至于整个长江中游城市群中的重要地位。相比于武汉市，武汉城市圈内的其他城市则有较大差距。襄阳市是除了武汉市以外武汉城市圈中创新需求水平最高的城市，襄阳市在测度期初和测度期末均保持在0.2以上的水平。宜昌市在测度期内的大多数时间也保持在0.2以上的水平，但是在测度期末宜昌市的创新需求水平跌破0.2。荆门市的创新需求水平则始终保持在0.1以上的水平，然而在测度期内，荆门市的创新需求水平呈现出了不断下降的趋势。除了武汉市、襄阳市、宜昌市和荆门市之外，武汉城市圈内其他城市的创新需求水平皆低于0.1，表明湖北省"一主两副多极"的建设有效地建立起了武汉市、襄阳市和宜昌市，但多极并未有效地建立起来。

在长株潭城市群中，不同于环鄱阳湖城市群和武汉城市圈，长株潭城市群中各个城市的创新需求水平分布较为平均。长沙市的创新需求水平是长株潭城市群中最高的，长沙市的创新需求水平在2000—2010年一直保持了稳定的增长，并在2010—2015年出现了一定幅度的下降，但并未影响长沙市在长株潭城市群中的地位。株洲市和岳阳市的创新需求水平在整个15年的测度期内一直稳定在0.2以上的水平，成为长株潭城市群中长沙市创新发展的重要补充。常德市的创新需求水平在测度期初也具有较高水平，且在2000—2005年始终保持在0.2以上，但在2005年之后出现一定幅度的下降，并在2015年下降为0.154，由于拥有较好的创新需求基础，常德市仍排在长株潭城市群中游位置。湘潭市和衡阳市的创新需求水平在测度期内基本维持在0.1~0.2的水平，而益阳市和娄底市的创新需求水平较低，在测度期内一直低于0.1，是长株潭城市群未来发展需要特别注意的城市。(见表4.12)

表4.12 基于横向空间比较的长江中游城市群创新需求系统发展指数值

时间（年）	南昌市	景德镇市	萍乡市	九江市	新余市	鹰潭市	吉安市
2000	0.358	0.100	0.073	0.130	0.077	0.050	0.090
2005	0.469	0.112	0.123	0.164	0.139	0.085	0.104
2010	0.386	0.105	0.104	0.149	0.198	0.082	0.088
2015	0.405	0.091	0.094	0.133	0.154	0.080	0.070

续表

时间（年）	宜春市	抚州市	上饶市	武汉市	黄石市	宜昌市	襄阳市
2000	0.104	0.066	0.085	0.967	0.165	0.279	0.282
2005	0.112	0.087	0.120	0.975	0.147	0.229	0.190
2010	0.094	0.069	0.110	0.960	0.106	0.228	0.189
2015	0.074	0.045	0.108	0.963	0.106	0.139	0.256
时间（年）	鄂州市	荆门市	孝感市	荆州市	黄冈市	咸宁市	长沙市
2000	0.111	0.192	0.135	0.219	0.170	0.094	0.576
2005	0.091	0.119	0.097	0.106	0.061	0.069	0.704
2010	0.092	0.107	0.081	0.075	0.054	0.046	0.828
2015	0.095	0.111	0.084	0.081	0.054	0.059	0.759
时间（年）	株洲市	湘潭市	衡阳市	岳阳市	常德市	益阳市	娄底市
2000	0.257	0.187	0.203	0.276	0.229	0.107	0.106
2005	0.246	0.168	0.176	0.245	0.217	0.084	0.093
2010	0.241	0.163	0.175	0.266	0.191	0.074	0.070
2015	0.228	0.166	0.152	0.213	0.154	0.050	0.049

数据来源：通过计算得出。

4.4 创新系统的异速生长分析

4.4.1 异速生长模型

从长江中游城市群创新的需求和供给子系统的发展情况来看，各个城市的创新发展供给和需求有着较大差异，差异一方面表现为创新需求子系统和创新供给子系统在取值范围上的差异，另一方面表现为二者变化趋势的差异。为了具体量化这些差异，本书构建了异速生长模型：

$$\frac{1}{x_i}\frac{\mathrm{d}x_i}{\mathrm{d}t}=a\frac{1}{x_j}\frac{\mathrm{d}x_j}{\mathrm{d}t} \tag{4.3}$$

在式（4.3）中，对 x 关于 t 的求导可选取 a 进行替代，即：

$$\frac{\mathrm{d}x_i}{\mathrm{d}t}=a_ix_i,\quad \frac{\mathrm{d}x_j}{\mathrm{d}t}=a_jx_j \tag{4.4}$$

在式（4.3）和式（4.4）中，x_j表示长江中游城市群创新供给子系统的整体评价值或长江中游城市群内某一城市的城市创新供给子系统的评价值，而x_i则表示长江中游城市群创新需求子系统的整体评价值或长江中游城市群内某一城市的城市创新需求子系统的评价值，对于a有$a=a_i/a_j$，a即为长江中游城市群创新系统供需或长江中游城市群内某一城市的异速生长系数，反映创新供给发展水平与创新需求水平之间的相对比率关系。

对式（4.3）进行积分变换，可得：

$$\begin{aligned} x_j &= \beta_i x_i^{\ a_{ij}} \\ \beta_i &= e^{C_i} \end{aligned} \tag{4.5}$$

在式（4.5）中，β为长江中游城市群创新系统供需发展异速生长的比例系数，C_i为积分常数，且$\beta=e^{C_i}$。a_{ij}为标度因子，即本书所求的长江中游城市群创新供给和需求的异速生长系数，其中a的取值范围在1左右，表明创新系统的供给和需求缺乏相关性，同时a还有不断趋向于1发展的长远目标。

4.4.2 城市群层面创新系统异速生长分析

根据式（4.3）至式（4.5）对长江中游城市群创新系统供给和需求子系统的异速增长拟合发现，R^2为0.9044，拟合结果良好，表明其发展规律服从异速增长，可以从异速增长角度分析长江中游城市群创新的供给和需求子系统之间的协调关系（如图4.1所示）。长江中游城市群创新供给需求系统整体拟合结果的标度指数a小于1，揭示了其创新需求子系统和创新供给子系统在2000—2015年的测度期内发展并不协调。具体来看，长江中游城市群的创新需求子系统每有1单位的提升，那么长江中游城市群的创新供给子系统就会相应地有0.84个单位的提升幅度。

4.4.3 城市层面创新系统异速生长分析

根据每个城市具体的拟合方程（如表4.13所示）可以发现，长江中游城市群内的28个城市在2000—2015年，大部分城市创新供给系统要快于需求系统。在环鄱阳湖城市群中，除南昌、鹰潭和上饶三个城市的创新供给系统发育要快于需求系统，其余城市的创新供给系统发育皆不同程度慢于创新需求系统，其中萍乡市的创新需求系统与供给系统发展极不协调，其供给系统发展相较于需求系统尤为缓慢；在武汉城市圈及湖北其他城市中，仅宜昌一个城市的创新需求系统发育慢于供给系统，其余9个城市的创新供给系统均要慢于需求系统，其中荆门市和荆州市两个城市的创新供给-需求系统发展极不协调；在

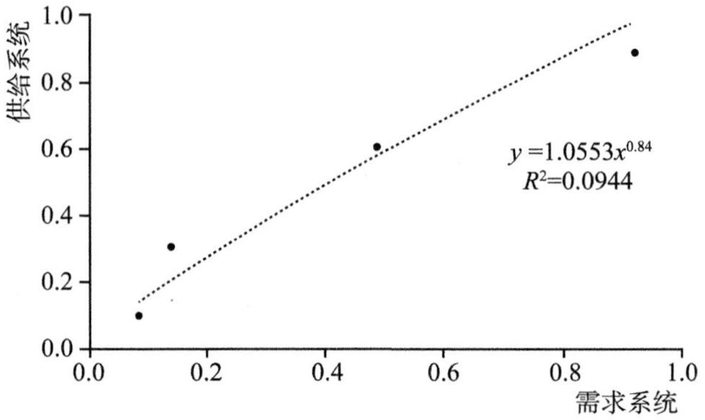

图 4.1　长江中游城市群创新供给需求系统异速生长拟合

长株潭城市群中，除株洲、岳阳和益阳三个城市的供给系统发育慢于需求系统外，其余 5 个城市的供给系统发展均要快于需求系统。这表明，在长江中游城市圈内部，城市创新需求系统与供给系统的相对发展程度较为复杂，不能一概而论。

表 4.13　　**长江中游城市群各市创新供给-需求异速生长方程**

城市	异速生长方程	城市	异速生长方程	城市	异速生长方程
南昌市	$y=1.4388x^{1.0527}$ $R^2=0.9734$	武汉市	$y=1.0746x^{0.6048}$ $R^2=0.9991$	长沙市	$y=1.9176x^{1.4743}$ $R^2=0.8635$
景德镇市	$y=0.8587x^{0.5391}$ $R^2=0.8888$	黄石市	$y=0.9644x^{0.7475}$ $R^2=0.8696$	株洲市	$y=1.0819x^{0.7888}$ $R^2=0.8082$
萍乡市	$y=0.5142x^{0.2911}$ $R^2=0.8708$	宜昌市	$y=1.1815x^{1.2276}$ $R^2=0.9299$	湘潭市	$y=1.4338x^{1.0467}$ $R^2=0.7831$
九江市	$y=0.7418x^{0.4154}$ $R^2=0.98$	襄阳市	$y=1.0232x^{0.7987}$ $R^2=0.5778$	衡阳市	$y=1.3151x^{1.5251}$ $R^2=0.7335$
新余市	$y=0.8135x^{0.8626}$ $R^2=0.8678$	鄂州市	$y=0.8829x^{0.8561}$ $R^2=0.9877$	岳阳市	$y=1.1087x^{0.6753}$ $R^2=0.6975$
鹰潭市	$y=1.0031x^{1.3398}$ $R^2=0.9822$	荆门市	$y=0.6305x^{0.1983}$ $R^2=0.4681$	常德市	$y=1.2504x^{1.0456}$ $R^2=0.573$

续表

城市	异速生长方程	城市	异速生长方程	城市	异速生长方程
吉安市	$y=0.7756x^{0.4799}$ $R^2=0.8504$	孝感市	$y=0.8198x^{0.7947}$ $R^2=0.8451$	益阳市	$y=1.2424x^{0.9116}$ $R^2=0.7745$
宜春市	$y=0.8332x^{0.624}$ $R^2=0.8912$	荆州市	$y=0.7293x^{0.3187}$ $R^2=0.2751$	娄底市	$y=1.159x^{1.244}$ $R^2=0.8666$
抚州市	$y=0.999x^{0.8208}$ $R^2=0.8309$	黄冈市	$y=1.0786x^{0.8236}$ $R^2=0.5654$		
上饶市	$y=1.3072x^{1.2061}$ $R^2=0.9509$	咸宁市	$y=0.9475x^{0.7628}$ $R^2=0.6157$		

5 区域创新系统协同创新时空分异

5.1 研究方法

区域创新系统是一个整体，既包含了创新供给子系统，也同时包含了创新需求子系统。创新的供给子系统和需求子系统二者互相影响、共同演化，从而实现了创新系统整体水平的提升。但创新系统整体的发展也同时受制于创新供给子系统和需求子系统，当任意一个子系统出现问题时，尽管另一个子系统发展良好，也会导致整个创新系统水平的停滞。因此区域创新供给子系统和需求子系统必须协同发展，才能实现城市创新水平的大幅提升和可持续发展。测度协同发展水平的方法较多，最常用的就是通过耦合协调度进行量化。耦合协调度在区域经济增长与环境、区域经济增长与产业集聚和人口与资源环境等诸多领域，同时在对城市化与经济、生态环境、土地利用、工业化、交通物流的研究中已经得到广泛应用，并取得了大量的研究成果。

在长江中游城市群创新供给子系统和创新需求子系统的协调发展研究中，利用耦合度可以有效地判别长江中游城市群创新供给子系统和创新需求子系统之间耦合作用的强度及作用的时间区间，并同时可以有效地预警创新供给子系统和创新需求子系统之间发展的秩序。然而仅仅计算耦合度则会存在一些弊端，例如本研究需要将长江中游城市群内各个次级城市群甚至各个城市的创新供给子系统和创新需求子系统进行对比，但耦合度计算的上下限值一般取自各个次级城市群或者各个长江中游城市群内城市的基准年期值和发展规划值，单纯依靠耦合度辨别可能产生误导，因为每个次级城市群或长江中游城市群内城市创新供给和创新需求的发展都具有其交错、动态和不平衡的特性。因此，本书除采用耦合度分析长江中游城市群创新供给子系统和创新需求子系统间的协调关系外，还同时利用协调度进行分析，协调度可以反映相互作用中良性耦合程度的大小，体现长江中游城市群的创新供给子系统和需求子系统间由无序走向有序的趋势。耦合度和协调度相结合可以全面反映长江中游城市群创新供给子系统和创新需求子系统协调发展的真实情况。

5.1.1 耦合度评价模型

量化长江中游城市群创新供给子系统和需求子系统的协同发展模式和状态，耦合度模型是首选模型之一，其概念来自物理学中的容量耦合，可以较好地量化测度期内不同时间节点、不同研究区域的城市创新需求子系统和创新供给子系统的协同发展水平，用公式可以表示为：

$$C = 2\{f(x)g(y)/[(f(x)+g(y))^2]\}^{1/2} \tag{5.1}$$

在式（5.1）中，C 即本书所求的长江中游城市群创新供给子系统和创新需求子系统的耦合度值，其取值范围为［0，1］，值越大表明长江中游城市群的创新供给子系统和创新需求子系统间联系越紧密。$f(x)$、$g(y)$ 分别表示长江中游城市群内各个城市创新供给子系统和创新需求子系统的发展水平。为区分长江中游城市群各个城市创新发展的耦合水平，本书参考相关研究，并根据长江中游城市群内城市创新系统的实际耦合水平对耦合度进行具体划分，划分结果如表 5.1 所示。

表 5.1　　**耦合演变阶段划分**

耦合度 C	0.900~1.000	0.700~0.899	0.500~0.699	0.300~0.499	0.00~0.299	0.000
耦合阶段	有序发展	高水平 耦合型发展	磨合型发展	拮抗型发展	低水平发展	无序发展

5.1.2 协调度评价模型

除了借鉴物理学中的耦合度概念测度长江中游城市群的创新需求子系统和创新供给子系统的协同发展水平外，本书还借鉴数学中协调度模型，以期反映长江中游城市群内各个城市创新供给子系统和创新需求子系统之间的协调发展程度，其公式可以表示为：

$$D[f(x),\ g(y)] = \frac{\min\left\{\left[D\frac{f(x)}{g(y)}\right],\ \left[D\frac{g(y)}{f(x)}\right]\right\}}{\max\left\{\left[D\frac{f(x)}{g(y)}\right],\ \left[D\frac{g(y)}{f(x)}\right]\right\}} \qquad \begin{aligned} D\frac{f(x)}{g(y)} &= \exp\left\{-\frac{(m-m')^2}{S_x^2}\right\} \\ D\frac{g(y)}{f(x)} &= \exp\left\{-\frac{(n-n')^2}{S_y^2}\right\} \end{aligned} \tag{5.2}$$

在式（5.2）中，$f(x)$、$g(y)$仍然分别表示长江中游城市群的创新供给子系统发展水平和需求子系统发展水平，相应的$D[f(x), g(y)]$则表示长江中游城市群创新供给子系统发展水平和创新需求子系统发展水平之间的协调度。在公式右侧，$D\frac{f(x)}{g(y)}$表示长江中游城市群供给子系统发展水平对长江中游城市群需求子系统发展水平的协调发展系数，$D\frac{g(y)}{f(x)}$表示长江中游城市群需求子系统发展水平对长江中游城市群供给子系统发展水平的协调发展系数，其中m、n分别替代了长江中游城市群供给子系统发展水平和需求子系统发展水平，m'和n'分别表示长江中游城市群供给子系统发展水平对创新需求子系统要求的发展水平和长江中游城市群需求子系统发展水平对创新供给子系统要求的发展水平，通过建立耦合回归方程获得。S_x^2、S_y^2分别表示长江中游城市群需求子系统发展水平和创新需求子系统发展水平的均方差。同样地，参考相关研究，并根据长江中游城市群内城市创新系统的实际协调水平对协调度进行具体划分，划分结果如表5.2所示。

表5.2 协调水平的度量标准

协调度发展水平	0.90~1.00	0.80~0.89	0.70~0.79	0.60~0.69	0.50~0.59	0.40~0.49	0~0.39
协调等级	优质协调	良好协调	中级协调	初级协调	勉强协调	濒临失调	失调

5.2 城市创新供给和需求子系统耦合度的时空格局

5.2.1 城市群层面：耦合协调度持续优化，供需系统协调发展

长江中游城市群创新供需系统耦合度在这15年间虽整体保持有序态发展，但波动幅度较大。在15年的测度期间内，长江中游城市群创新供需系统耦合度在测度期初由2000年的0.980突降至2005年的0.496，下降幅度高达49.39%，耦合度年均下降接近0.1，同时耦合阶段也由有序态发展退化至拮抗型发展态势，究其原因可能是在21世纪初长江中游城市群创新供给系统和需求系统发展水平皆较低，虽呈有序态发展，但属于低水平的耦合，而在2000—2005年，城市创新供给系统的发展要快于需求系统，因而使得两者之间的耦合度骤降。2005年后，长江中游城市群城市创新需求系统也快速发展，

使得两者的耦合度又重新回到有序发展形态（如表5.3所示）。其中2005—2010年，长江中游城市群的耦合度上升最为显著，从2005年的0.496上升为2010年的0.952，上升幅度高达91.93%，耦合度年均上升超过0.09，同时耦合阶段也由拮抗型发展回归至有序发展态势。2010—2015年期间，长江中游城市群的耦合度保持了小幅度的上升，从2010年的0.952上升为2015年的0.998，5年共计上涨了0.046，表明在此阶段的长江中游城市群创新系统的耦合度保持了稳定、高水平的增长和发展。

不同于长江中游城市群创新供需系统耦合度，协调度在2000—2015年的15年测度期间保持了较为稳定的增长，其中，测度期初长江中游城市群供需系统的协调度仅有0.301，处于濒临失调阶段，在2000—2005年增长幅度有限，但是在2005—2010年实现了高速增长，并在2010—2015年也保持了相对的高速增长，最终在测度期末达到了0.950，达到了优质协调发展阶段。长江中游城市群创新供需协调度的迅猛发展表明长江中游城市群创新供给系统有效地促进了该区域的经济发展和社会进步，尽管创新需求子系统的发展水平仍然表现出了一定程度的滞后，但其与城市创新供给子系统发展水平已经形成了粗具规模的协调发展趋势。具体来看，2000年长江中游城市群创新供需系统协调度较低，只有0.301的水平，处于濒临失调状态，而在2000—2005年长江中游城市群创新供需系统协调度并没有得到较好的改善，5年间长江中游城市群创新供需系统协调度只提升了0.31，在2005年达到了0.332，仍然处于濒临失调状态。2005—2010年，长江中游城市群创新供需系统协调度显著改善，从0.332上升为2010年的0.721，上升幅度高达117.17%，协调度年均上升接近0.08，同时协调等级由濒临失调发展为中级协调态势。2010—2015年，长江中游城市群创新供需系统协调度继续保持了较为高速的增长，从2010年的0.721上升为2015年的0.950，上升幅度达到了31.76%，协调度年均上升接近0.05，同时协调等级也由中级协调发展为优质协调态势。

表5.3　**长江中游城市群创新供需系统耦合协调度时序变化**

	2000年	2005年	2010年	2015年
耦合度	0.980	0.496	0.952	0.998
耦合阶段	有序发展	拮抗型发展	有序发展	有序发展
协调度	0.301	0.332	0.721	0.950
协调等级	濒临失调	濒临失调	中级协调	优质协调

5.2.2　地市层面：由低水平向高水平耦合发展，空间差异较小

根据式（5.1），本书分别计算了长江中游城市群内各个地级市的城市供需系统耦合度，选取 2000 年、2005 年、2010 年和 2015 年的分析，如表 5.4 所示。

表 5.4　　长江中游城市群城市供需系统耦合度时序变化

时间	南昌市	景德镇市	萍乡市	九江市	新余市	鹰潭市	吉安市
2000 年	0.996	0.649	0.000	0.000	1.000	0.455	0.440
2005 年	0.553	0.291	0.912	0.981	0.909	0.902	0.382
2010 年	0.771	0.933	0.967	0.998	0.765	0.841	0.979
2015 年	0.999	0.970	1.000	0.999	0.999	0.998	0.999
时间	宜春市	抚州市	上饶市	武汉市	黄石市	宜昌市	襄阳市
2000 年	0.842	0.431	0.697	0.000	0.958	0.329	0.673
2005 年	0.492	0.998	0.788	0.358	0.498	0.764	0.147
2010 年	0.988	0.979	0.999	0.727	0.933	0.962	0.621
2015 年	0.996	0.999	0.998	0.996	0.971	0.991	0.998
时间	鄂州市	荆门市	孝感市	荆州市	黄冈市	咸宁市	长沙市
2000 年	0.882	0.180	0.990	0.973	0.861	0.877	0.013
2005 年	0.768	0.035	0.437	0.003	0.414	0.188	0.209
2010 年	0.991	0.932	0.871	0.655	0.754	0.842	0.884
2015 年	0.965	0.703	0.997	0.979	0.992	0.949	0.999
时间	株洲市	湘潭市	衡阳市	岳阳市	常德市	益阳市	娄底市
2000 年	0.959	0.659	0.017	0.892	0.283	0.909	0.990
2005 年	0.154	0.239	0.818	0.038	0.216	0.316	0.474
2010 年	0.988	0.578	0.897	0.699	0.863	0.761	0.822
2015 年	1.000	0.998	0.992	0.986	0.952	0.960	1.000

在环鄱阳湖城市群中，从时间维度看，2000—2005 年是环鄱阳湖创新供需系统耦合度变化最为复杂的时间段，有半数城市的创新供需系统耦合度呈现上升趋势，而另一半城市的创新供需系统耦合度则呈现出下降趋势。同时创新

供需系统耦合度的上升和下降幅度也有较大差异，增长幅度最大的高达 0.981（九江市），增长幅度较小的不到 0.1（上饶市），下降幅度较大的达到了 0.45（南昌市），下降幅度较小的仅有 0.06（吉安市）。2005—2010 年，环鄱阳湖创新供需系统耦合度大多趋于增长态势，仅有新余市、鹰潭市和抚州市的创新供需系统耦合度呈现出下降趋势，但下降幅度均较小。2010—2015 年，环鄱阳湖内所有城市的创新供需系统耦合度均呈现出上升趋势，虽然上升幅度略有差异，但整体上均实现了向有序发展迈进的态势。在测度期末，环鄱阳湖城市群中除景德镇市的创新供需系统耦合度为 0.970 以外，其余城市的创新供需系统耦合度全部在 0.996 以上。从空间维度看，南昌市创新供需系统耦合度的变化趋势与整个长江中游城市群的变化趋势相似，在 2000—2005 年，南昌市的创新供需系统耦合度从较高的 0.996 大幅下降到了 2005 年的 0.553，下降幅度达 44.45%，是环鄱阳湖城市群中下降幅度最大的城市，但在 2005—2010 年这一情形得到扭转，创新供需系统耦合度也从 0.553 逐步上升到了 0.771，在 2010—2015 年，创新供需系统耦合度仍保持了一定幅度的增长，使得南昌市的创新供需系统耦合度在测度期末达到了 0.999。与南昌市有着相同创新供需系统耦合度变化的还有景德镇市、新余市、吉安市和宜春市，其中宜春市和景德镇市在 2000—2005 年创新供需系统耦合度均有较大幅度的下降，并在 2005—2010 年实现了反弹，创新供需系统耦合度上升为较高水平，然后在 2010—2015 年实现了平稳的提升。新余市和吉安市在 2000—2005 年创新供需系统耦合度下降幅度较小，吉安市在 2005—2010 年实现了创新供需系统耦合度的大幅提升，并在此后的 2010—2015 年继续增长了一定的幅度。新余市的创新供需系统耦合度不仅在 2000—2005 年呈现下降趋势，在 2005—2010 年也呈现出下降的趋势，但在此后的 2010—2015 年实现了创新供需系统耦合度的快速增长，创新供需系统耦合度重新达到较高水平。萍乡市和九江市在测度期初的创新供需系统耦合度是整个环鄱阳湖城市群中最低的，均为 0.000，但萍乡市和九江市在 2000—2005 年一半城市创新供需系统耦合度下降的背景下实现了创新供需系统耦合度的巨大提升，从无序发展一跃发展为有序发展；而后萍乡市和九江市不论在 2005—2010 年还是在 2010—2015 年均保持了创新供需系统耦合度的小幅度增长，其中萍乡市在测度期末创新供需系统耦合度达到 1.000，成为环鄱阳湖城市群中创新供需系统耦合度最高的城市。同样在测度期内一直保持创新供需系统耦合度增长的还有鹰潭市和上饶市，但不同于萍乡市和九江市，鹰潭市和上饶市在测度期初就拥有一定的创新供需系统耦合度水平，然后经历了 2000—2005 年和 2005—2010 年两次的大幅增长，并在 2010—

2015年期间稳步增长，实现了创新供需系统耦合度向有序发展的转变。

在武汉城市圈中，从时间维度看，2000—2005年内武汉城市圈各个城市创新供需系统耦合度大多呈现出下降的趋势，且下降程度较为明显，仅有少数几个城市的创新供需系统耦合度呈现出了上升的趋势，增长幅度也较大。武汉市的创新供需系统耦合度是武汉城市圈中上升幅度最大的，5年间上升了0.358，而宜昌市的创新供需系统耦合度上升幅度也较大，达到了0.311。但在此期间除了武汉市和宜昌市以外，武汉城市圈内其他城市的创新供需系统耦合度则均有不同幅度的下降。其中，下降幅度最小的是荆门市，5年间下降了0.145，而创新供需系统耦合度下降幅度最大的荆州市在5年内下降了0.970，从有序发展直接沦为无序发展状态。在2005—2010年，武汉城市圈内所有城市的创新供需系统耦合度均保持了增长态势，并有大量的城市从2005年的无序发展向2010年的有序发展水平发展。在武汉城市圈的众多城市中，增长幅度最大的是荆门市，从0.035的无序发展水平一跃增长为0.932的有序发展水平，5年间创新供需系统耦合度增长了近0.9；而创新供需系统耦合度增长幅度最小的武汉市也从0.358发展到了2010年的0.727，增长幅度达到了103.07%。在2010—2015年，武汉城市圈内大多数城市创新供需系统耦合度呈现出上升趋势，仅有极个别城市的创新供需系统耦合度出现了较小幅度的下降。武汉市、襄阳市、孝感市、荆州市、黄冈市和咸宁市的创新供需系统耦合度均从0.9以下上升到了0.9以上，即从高水平耦合型发展进步到了有序发展，而黄石市和宜昌市在2010年就处于有序发展水平，在此期间创新供给和需求子系统的耦合度仍然有较小幅度的提升。鄂州市和荆门市是武汉城市圈内创新供需系统耦合度下降的城市，其中鄂州市的创新供需系统耦合度在2010年处于有序发展水平，尽管2010—2015年略有下降，但仍然保持在有序发展水平之列。荆门市的情况则更为严重一些，荆门市的创新供需系统耦合度在2010年处于有序发展，而在2010—2015年创新供需系统耦合度下降了0.219，从有序发展退化到了高水平耦合型发展水平。从空间维度看，武汉市的创新供需系统耦合度增长最具代表性，2000年武汉市的创新供需系统耦合度仅为0.000，是整个武汉城市圈内创新供需系统耦合度最低的城市，但是在整个测度期内武汉市的创新供需系统耦合度一直保持了上涨，其中在2000—2005年大多城市创新供需系统耦合度下降的时候武汉市保持了创新供需系统耦合度的正向增长，且增长幅度是武汉城市圈内最快的。在2005—2010年武汉市的创新供需系统耦合度保持在一个科学合理的增长水平，从2005年的0.358上涨为2010年的0.727，发展阶段进入了高水平耦合型发展。而后在2010—2015

年武汉市创新供需系统耦合度仍有小幅度上涨，武汉市的创新供需系统耦合度进入有序发展序列。跟武汉市创新供需系统耦合度具有相同发展趋势的是宜昌市，宜昌市在2000年的创新供需系统耦合度为0.329，属于武汉城市圈所有城市中较低的，仅仅高于武汉市和荆门市，但在2000—2005年，宜昌市的创新供需系统耦合度上涨到了0.764，上涨幅度达到132.22%，年均上涨也高达0.087。在2005—2010年宜昌市的创新供需系统耦合度继续保持上涨，在2010年达到了0.962，从高水平耦合型向有序发展过渡，并在2010—2015年仍有小幅度的增长，在测度期末创新供需系统耦合度达到了0.991的水平。武汉城市圈的其他城市则都呈现出创新供需系统耦合度先下降再提升的变化趋势。黄石市、孝感市和荆门市在2000年的创新供需系统耦合度均大于0.9，处于有序发展水平，但在2000—2005年都呈现出大幅度的下降，黄石市和孝感市从有序发展退化到了拮抗型发展模式，而荆州市的下降幅度更为巨大，从有序发展直接退化到了无序发展水平。在之后的2005—2010年，黄石市、孝感市和荆州市的创新供需系统耦合度又大幅提升，其中黄石市和孝感市重回有序发展水平，荆州市的创新供需系统耦合度也接近0.9。在2010—2015年，黄石市、孝感市和荆州市的创新供需系统耦合度继续保持增长，其中荆州市重回有序发展水平。襄阳市、鄂州市、荆门市、黄冈市和咸宁市创新供需系统耦合度也呈现了先下降后提升的变化趋势，但是下降幅度没有黄石市、孝感市和荆州市大，在测度期初也并未达到有序发展水平，在2000—2005年有不同幅度的下降，然后在此后的2005—2015年的10年间呈现出不同幅度的上涨，且大多数城市在测度期末达到了有序发展水平。唯一在测度期末没有达到有序发展水平的是荆门市，荆门市在2010年已经达到了有序发展，然而在2010—2015年，创新供需系统耦合度又出现了较大幅度的下降，成为了武汉城市圈内唯一一个创新供需系统耦合度没有达到有序发展的城市。

在长株潭城市群中，从时间维度看，在2000—2005年的测度期间长株潭城市群与武汉城市圈的发展趋势十分类似，整个长株潭城市群中只有长沙市和衡阳市的创新供需系统耦合度呈现出上升趋势，而长沙市的创新供需系统耦合度上升幅度较小，仅仅从0.013上升到了0.209，而衡阳市的创新供需系统耦合度则呈现出较大幅度的提升，从0.017上升为0.818。其余长株潭城市群中城市的创新供需系统耦合度则呈现下降趋势，其中下降幅度最大的是株洲市，株洲市的创新供需系统耦合度从0.959下降为0.154，益阳市和娄底市的创新供需系统耦合度也从有序发展水平退化。下降幅度同样巨大的还有岳阳市，岳阳市的创新供需系统耦合度从0.892接近有序发展的水平大幅下降到了

0.038，接近于无序发展。长株潭城市群中创新供需系统耦合度下降最小的是常德市，常德市的创新供需系统耦合度仅从0.283下降了0.067。株洲市和湘潭市创新供需系统耦合度下降幅度则位于这些城市之间。在2005—2010年，长株潭城市群中所有城市的创新供需系统耦合度均保持了提升趋势，但上升幅度具有较大的差异，同武汉城市圈一致。其中株洲市创新供需系统耦合度上升幅度最大，在2010年达到了0.988的水平，一跃成为有序发展城市的典范，同时长沙市创新供需系统耦合度上升也较快，接近于有序发展，达到了0.884。同样在此期间创新供需系统耦合度达到0.8以上的城市还包括衡阳市、常德市和娄底市。湘潭市、岳阳市和益阳市的创新供需系统耦合度也大幅提升，但2010年它们的创新供需系统耦合度在长株潭城市群内较低，分别达到了0.578，0.699和0.761，地区间创新供需系统耦合度差异明显。在2010—2015年，长株潭城市群内各个城市的创新供需系统耦合度均呈现出提升趋势，提升幅度也大多相近。在此期间，湘潭市的创新供需系统耦合度提升幅度最大，从2010年长株潭城市群最低的创新供需系统耦合度上升到了0.998，株洲市创新供需系统耦合度的提升幅度最小，尽管只有0.12的提升幅度，但株洲市的创新供需系统耦合度达到了1.000的水平，成为长株潭城市群中创新供需系统耦合度最高的城市之一。长株潭城市群中创新供需系统耦合度达到1.000的城市还包括娄底市，娄底市的创新供需系统耦合度从0.822上升到了1.000的水平。长沙市的创新供需系统耦合度位列长株潭城市群第三，其余各个城市的创新供需系统耦合度也都大于0.9，处于有序发展阶段。从空间维度看，长沙市的创新供需系统耦合度保持了平稳的上升趋势，尽管长沙市的创新供需系统耦合度在测度期初是长株潭城市群最低的0.013，但在2000—2005年长株潭城市群大多数城市创新供需系统耦合度下降的情况下仍然保持了一定幅度的增长，并在2005—2010年实现了创新供需系统耦合度的大幅增长，在2010年创新供需系统耦合度达到了0.822，又在2010—2015年保持了这种快速的创新供需系统耦合度增长趋势，在2015年创新供需系统耦合度达到0.999，位列长株潭城市群第三。与长沙市同样在整个测度期内一直保持增长的还有衡阳市，衡阳市在测度期初的创新供需系统耦合度水平仅为0.017，略高于长沙市，排名长株潭城市群的倒数第二。然而，在2000—2005年大多数城市创新供需系统耦合度下降的情况下，衡阳市的创新供需系统耦合度呈现出大幅度增长，从0.017增长到了2005年的0.818。但是，在2005—2010年长株潭城市群内所有城市创新供需系统耦合度均大幅度增长的背景下，衡阳市的创新供需系统耦合度增长极为缓慢，从0.818上升为0.987。在2010—2015

年，衡阳市创新供需系统耦合度仍然保持了增长，并在测度期末达到了0.992，发展状态处于有序发展。株洲市、益阳市和娄底市在测度期初的创新供需系统耦合度处于有序发展，但是在2000—2005年创新供需系统耦合度出现了大幅度下降，株洲市的创新供需系统耦合度更是从0.959下降到了0.154，益阳市和娄底市的下降幅度也超过了0.5。不过在2005—2010年，株洲市的创新供需系统耦合度反弹速度也是最快的，从0.154上升到了0.988，并在测度期末达到了1.000，成为长株潭城市群中创新供需系统耦合度最高的城市之一。娄底市在2005—2010年的反弹速度虽然没有株洲市快，但在整个2005—2015年保持了稳定的增长，成为长株潭城市群中另一个创新供需系统耦合度达到1.000的城市。湘潭市和常德市的创新供需系统耦合度在测度期初也有较高水平，然后经历2000—2005年的断崖式下降，并在此后保持了相对稳定的增长。在测度期末，长株潭城市群内所有城市的创新供需系统耦合度均达到了有序发展水平，区域整体创新供需系统耦合度较为平均。

总体上，长江中游城市群的创新供需系统耦合度变化规律可以归纳为以下几个方面：

（1）耦合度曲线皆表现出急剧下降到波动上升的趋势。长江中游城市群大部分城市的创新供需系统耦合度时序曲线表现出急剧下降（2000—2005年）到波动上升（2005—2012年）的趋势（如表5.5所示）。其中，萍乡市、九江市、鹰潭市、上饶市、武汉市、宜昌市、长沙市和衡阳市8个城市创新供需系统耦合度在2000—2005年呈现上升趋势。整体来看，15年间，长江中游城市群创新供给子系统和创新需求子系统间的耦合度从测度期初所处的无序和低水平阶段不断发展，数值上有较大的提升，并逐步过渡到了测度期末的有序发展阶段，这得益于一方面长江中游城市群创新供给子系统水平本身水平较高且得到了较好发展，另一方面需求子系统发展水平也有较快的提升。

（2）空间差异显著，形成相对连片的空间板块。15年间，长江中游城市群创新供需系统耦合度空间差异较大，除2015年外，在其余四个时间节点，皆存在由濒临失调、拮抗型发展至有序发展的城市，类型多样。但在空间上，却形成了多个同类型连续分布的板块，表明城市创新供需系统耦合度空间发展具有较强的空间集聚效应，如2000年，高耦合度的城市多分布在城市群省会城市周边，而低耦合度城市多位于城市群边缘地带；2005年，高耦合度城市集聚在江西省境内，而低耦合度城市集聚在城市群西部地带，以湖南、湖北城市居多；2010年，高耦合度城市整体集聚在城市群东南部，以江西境内最多，而低耦合度城市多分布在湖北省境内；2015年的空间分布状态基本延续至

2010 年（如图 5.3 所示）。

（3）耦合度等级规模演变呈现出“分化-集中”的态势。在 2000—2015 年的测度期间内，长江中游城市群创新供给子系统和需求子系统间的耦合度表现为由分化向集中演化的趋势。在测度期初，长江中游城市群内各个城市的耦合度差异较大，并覆盖了所有类型，其中属于有序发展的城市包括南昌市、宜春市、孝感市等 9 个，处于高水平耦合的城市包括益阳市、岳阳市等 5 个，无序发展的城市包括衡阳市、荆门市等 3 个，其余 4 个城市所处阶段为低水平耦合发展，总体上呈现为倒金字塔结构。2005 年，无序发展的城市已经消失，耦合等级属于有序发展阶段的有 5 个城市，属于低水平发展的城市有 10 个，而位于中间阶层的磨合型发展城市仅有 1 个，因而形成了明显的纺锤结构；2010 年，耦合等级仅覆盖三种类型，其中有序发展的城市达到 13 个，高水平耦合的城市更是达到 15 个，耦合发展程度最低的也为磨合型；2015 年，耦合等级仅覆盖两种类型，除湘潭市属于高水平耦合外，其余所有城市的耦合程度皆达到了有序发展的程度。由此看来，长江中游城市群创新供需系统的耦合度由测度期初的倒金字塔结构经历了整体上的不断提升，首先发展为了纺锤结构，并在此基础上继续保持了高速的提升水平，最终在测度期末大多数城市实现了向均衡结构跨越的演进历程（如表 5.4 所示）。

5.3 城乡创新供需系统协调度的时空演化

长江中游城市群创新供需系统协调度时序变化情况如表 5.5 所示。在环鄱阳湖城市群中，从时间维度来看，在 2000—2005 年环鄱阳湖城市群超过一半的城市的城乡创新供需系统协调度呈现出上升趋势，上升幅度大多处于 0.2～0.4 的区间内，上升幅度最大的是九江市和萍乡市，萍乡市城乡创新供需系统协调度从 0.001 的全环鄱阳湖最低水平上升到了 0.382，上升幅度高达 0.381。上升幅度更大的是九江市，其城乡创新供需系统协调度从 0.002 上升到了 0.530，5 年间城乡创新供需系统协调度上升了 0.528。上升幅度最小的城市是抚州市，抚州市的城乡创新供需系统协调度仅从 0.306 上升为 0.330。其余环鄱阳湖城市群内的城市城乡创新供需系统协调度上升幅度处于抚州市和九江市之间。2005—2010 年，环鄱阳湖城市群内所有城市的城乡创新供需系统协调度均呈现出上升趋势，且大多数城市的城乡创新供需系统协调度上升较快。抚州市、景德镇市和吉安市城乡创新供需系统协调度的上升幅度最大，均超过了 0.4，宜春市和萍乡市的上升幅度也超过了 0.3，南昌市、九江市和上饶市的上升幅度超过了0.2，新余市和鹰潭市城乡创新供需系统协调度上升幅度相对较小，其中新余市的城乡创新供需系统协调度在2005—2010年只上升了0.048，位列环鄱阳湖城市群最低水平。在2010—2015年，环鄱阳湖城市群内各城市的城乡创新供需系统协调度依然保持了上升趋势，但上升幅度没有2005—2010年的幅度大。在2010—2015年环鄱阳湖城市群中城乡创新供需系统协调度上升超过0.3的城市有3个，包括南昌市、新余市和鹰潭市，其中以南昌市的上升幅度最大，达到了0.372。城乡创新供需系统协调度上升幅度在0.2—0.3的城市最多，包括景德镇市、萍乡市、九江市、吉安市和上饶市。上升幅度小于0.2的城市只有两个，其中宜春市城乡创新供需系统协调度上升幅度为0.176，而抚州市的上升幅度仅有0.081。从空间维度看，南昌市、萍乡市和九江市的城乡创新供需系统协调度变化最为明显，三个城市城乡创新供需系统协调度在期初还都不到0.1，但经历了测度期内15年的发展，均达到了0.98以上，且是在测度期内各年保持相对稳定上涨的。在测度期初城乡创新供需系统协调度较低的还有鹰潭市和上饶市，鹰潭市城乡创新供需系统协调度为0.199，上饶市的城乡创新供需系统协调度为0.173，同样经历测度期内15年的发展，两市的城乡创新供需系统协调度在测度期末也均达到了0.9以上。景德镇市、新余市、吉安市、宜昌市和抚州市在测度期初的城乡创新供需系统协调度均在0.3以上，但在整个测度期内的变化有所差异。新余市的城乡创新供需系统协调度在2000—2005年保持了增长，但在2005—2010年增长幅度较小，2010—2015年又恢复了较高增长幅度，并在测度期末达到了0.903。景德镇市、吉安市、宜春市和抚州市城乡创新供需系统协调度则在2000—2005年出现了不同幅度的下降，然后在2005—2015年的10年测度期内又保持了不同幅度的增长，除了抚州市城乡创新供需系统协调度在测度期末没有达到0.9以上外，其余各个城市的城乡创新供需系统协调度均在测度期末达到0.9以上。

表5.5 **长江中游城市群创新供需系统协调度时序变化**

时间	南昌市	景德镇市	萍乡市	九江市	新余市	鹰潭市	吉安市
2000年	0.095	0.331	0.001	0.002	0.346	0.199	0.337
2005年	0.410	0.267	0.382	0.530	0.513	0.434	0.263
2010年	0.621	0.709	0.687	0.769	0.561	0.624	0.663
2015年	0.993	0.913	0.986	0.994	0.903	0.977	0.908

续表

时间	宜春市	抚州市	上饶市	武汉市	黄石市	宜昌市	襄阳市
2000 年	0.389	0.306	0.173	0.000	0.356	0.093	0.238
2005 年	0.324	0.330	0.477	0.292	0.352	0.394	0.168
2010 年	0.702	0.794	0.698	0.630	0.765	0.816	0.504
2015 年	0.878	0.875	0.912	0.985	0.911	0.967	0.988
时间	鄂州市	荆门市	孝感市	荆州市	黄冈市	咸宁市	长沙市
2000 年	0.139	0.182	0.266	0.359	0.405	0.288	0.012
2005 年	0.307	0.104	0.260	0.030	0.350	0.210	0.233
2010 年	0.668	0.703	0.629	0.598	0.630	0.699	0.753
2015 年	0.943	0.747	0.987	0.916	0.931	0.887	0.994
时间	株洲市	湘潭市	衡阳市	岳阳市	常德市	益阳市	娄底市
2000 年	0.237	0.160	0.034	0.243	0.156	0.310	0.337
2005 年	0.198	0.209	0.392	0.095	0.217	0.230	0.278
2010 年	0.745	0.545	0.772	0.674	0.707	0.684	0.731
2015 年	0.991	0.989	0.976	0.967	0.913	0.921	0.959

在武汉城市圈中，从时间维度看，2000—2005 年的测度期内，武汉城市圈各个城市城乡创新供需系统协调度的变化方向不同，但大多数城市城乡创新供需系统协调度均呈现出下降水平。其中武汉市、宜昌市和鄂州市城乡创新供需系统协调度呈现出上升水平，而又以宜昌市城乡创新供需系统协调度上升幅度最大，达到了 0.301，而武汉市的城乡创新供需系统协调度增长幅度紧随其后，达到了 0.292，鄂州市城乡创新供需系统协调度也有 0.168 的上涨。在城乡创新供需系统协调度下降的城市中，下降幅度最大的是荆州市，荆州市的城乡创新供需系统协调度从 2000 的 0.359 大幅下降到了 2005 年的 0.03。城乡创新供需系统协调度下降幅度最小的是黄石市，2000—2005 年黄石市城乡创新供需系统协调度仅下降了 0.004，拥有同样较小城乡创新供需系统协调度下降幅度的还有孝感市，孝感市城乡创新供需系统协调度下降了 0.006。其余武汉城市圈内城市的城乡创新供需系统协调度下降范围在 0.1 左右。2005—2010 年，武汉城市圈的城乡创新供需系统协调度均保持了一定幅度的提升，这一期间城乡创新供需系统协调度的提升幅度较大，仅提升幅度在 0.5 以上的城市就

有荆门市和荆州市，其中荆门市的提升幅度高达 0.599。此外，还有黄石市、宜昌市和咸宁市的城乡创新供需系统协调度增长幅度大于 0.4，武汉市、襄阳市、鄂州市和孝感市的增长幅度大于 0.3，而增长幅度最小的是黄冈市，增长幅度为 0.28。2010—2015 年，武汉城市圈内各个城市的城乡创新供需系统协调度依然全部保持了增长趋势。其中 2010 年城乡创新供需系统协调度最低的襄阳市增长幅度最大，从 0.504 增长到了 0.988，襄阳市城乡创新供需系统协调度增长幅度也是武汉城市圈内唯一一个大于 0.4 的。武汉市、孝感市、荆州市和黄冈市城乡创新供需系统协调度的增长幅度也超过了 0.3，其次是鄂州市的增长幅度为 0.275，增长幅度最小的是荆门市，在 2010—2015 年城乡创新供需系统协调度仅增长了 0.044。从空间维度来看，武汉市的增长幅度最为明显，武汉市 2000 年的城乡创新供需系统协调度是整个武汉城市圈最低的 0.000，但武汉市在测度期内每个时间段均保持了较大幅度的提升，并在 2015 年城乡创新供需系统协调度达到了 0.985，排名武汉城市圈的第三名。可以与武汉市城乡创新供需系统协调度增长幅度相媲美的是宜昌市，宜昌市城乡创新供需系统协调度在测度期初仅为 0.093，是武汉城市圈内除武汉市最低的，经历了测度期内 15 年的增长，宜昌市城乡创新供需系统协调度在 2015 年达到了 0.967。襄阳市和孝感市城乡创新供需系统协调度在测度期初处于中游水平，但是在测度期末分别达到了 0.988 和 0.987，超过武汉市的城乡创新供需系统协调度，分列武汉城市圈的第一名和第二名。在测度期初拥有较高城乡创新供需系统协调度的黄石市、荆州市和黄冈市在测度期末也达到了 0.9 以上。在测度期末尚未达到 0.9 的城市包括荆门市和咸宁市，咸宁市的城乡创新供需系统协调度在测度期末为 0.887，接近大多数城市，而荆门市城乡创新供需系统协调度仅为 0.747，与武汉城市圈内其他城市尚有一段差距。

在长株潭城市群中，从时间维度横向看，2000—2005 年，长株潭城市群中有一半城市的城乡创新供需系统协调度呈现上升趋势，另一半城市城乡创新供需系统协调度表现为上升。上升幅度最大的是衡阳市，衡阳市城乡创新供需系统协调度从 0.034 上升了 0.358，在 2005 年达到了 0.392，而长沙市的上升幅度也有 0.221。城乡创新供需系统协调度也呈现出上升趋势的湘潭市和常德市的上升幅度分别为 0.049 和 0.061，城乡创新供需系统协调度提升水平相对较慢。在城乡创新供需系统协调度下降的城市中，下降幅度最大的是岳阳市，城乡创新供需系统协调度下降幅度为 0.148，而其他城市的城乡创新供需系统协调度下降幅度则相对较小，均在 0.1 以内，株洲市城乡创新供需系统协调度下降幅度最小，为 0.039。2005—2010 年，长株潭城市群的城乡创新供需系统协调度经历了最为显著的提升。其中，城乡创新供需系统协调度增长超过 0.5 的城市有长沙市、株洲市和岳阳市三个，岳阳市的城乡创新供需系统协调度增长幅度达到了 0.579，是整个长株潭城市群中增长最大的。城乡创新供需系统协调度增长幅度在 0.4—0.5 的城市包括常德市、益阳市和娄底市，而三个城市城乡创新供需系统协调度增长水平全部都在 0.45 以上，常德市更是达到了 0.49。城乡创新供需系统协调度增长幅度在 0.4 以下的仅有湘潭市和衡阳市，衡阳市城乡创新供需系统协调度增长了 0.38，而湘潭市城乡创新供需系统协调度增长了 0.336，是整个长株潭城市群中城乡创新供需系统协调度增长幅度最小的。2010—2015 年，长株潭城市群内各个城市城乡创新供需系统协调度已然保持了增长，但增长幅度较 2005—2010 年的城乡创新供需系统协调度增长幅度小。其中，此前城乡创新供需系统协调度增长幅度最小的湘潭市城乡创新供需系统协调度增长最大，达到了 0.444，同时湘潭市也是 2010—2015 年增长幅度大于 0.3 的，其余各长株潭城市群城乡创新供需系统协调度均小于 0.3，但大于 0.2，整体上长株潭城市群处于平衡发展态势。从空间维度看，长沙市和武汉市一样，在测度期初的城乡创新供需系统协调度是整个长株潭城市群中最低的，仅为 0.012，但是在测度期内分别以 0.221、0.520、0.241 的幅度增长，并在测度期末城乡创新供需系统协调度达到了 0.994，是整个长株潭城市群中城乡创新供需系统协调度最高的城市。湘潭市和常德市也与长沙市一样，在整个测度期内都保持了增长，但是各个时期城乡创新供需系统协调度的增长幅度均不如长沙市显著。衡阳市城乡创新供需系统协调度在 2000—2005 年增长幅度大于长沙市，但在此后的 2005—2015 年增长幅度均略小于长沙市。株洲市和岳阳市在测度期初城乡创新供需系统协调度均在 0.2 以上，益阳市和娄底市的城乡创新供需系统协调度在测度期初则在 0.3 以上。在测度期末，长株潭城市群内各个城市的城乡创新供需系统协调度均在 0.9 以上，城乡创新供需系统协调度最低的常德市也有 0.913 的水平。

5.3.1 波动上升，由失调型发展为优质协调

15 年间，在长江中游城市群 28 个城市中，一半城市的创新供需系统协调度时序发展曲线呈直线态上升，一半城市的创新供需系统协调度时序发展曲线在经历小幅下降后快速上升。与耦合度曲线较为一致，长江中游城市群创新供需系统协调度同样经历由剧烈波动阶段（2000—2005 年）到快速上升（2005—2015 年）的变化趋势，与之相应的长江中游城市群创新供给子系统和需求子系统间的协调度也从测度期初的失调阶段不断提升，并在测度期末变为

了良好优质协调阶段（如表5.5，图5.4所示）。这一创新供给子系统和创新需求子系统协调度数值的转变和协调等级的跃升也反映了长江中游城市群创新供给子系统与其经济社会的高速发展相一致，且二者之间存在着相互促进的共生增长作用。

5.3.2 空间差异趋小，板块集聚的空间特征凸显

在测度期间内，长江中游城市群内各个城市的协调度发展与变化情况与其耦合度的发展与变化情况类似，均呈现出分布集中的空间变化特征。2000—2015年测度期间内长江中游城市群创新供给子系统和创新需求子系统间的协调度在空间上的差异不是十分明显，且有着向连片的板块结构进行演化的趋势。

2000年：第一等级板块形成较小局部集聚的空间结构，主要集中在武汉城市圈的黄石市和黄冈市，以及环鄱阳湖城市群中的宜春市、吉安市和新余市，长株潭城市群中未出现明显的第一等级板块集聚特征。相当于第一等级板块，第二等级板块的分布则较为分散，散落在三个省会城市周边；第三等级板块集聚在湖北襄阳市、荆门市和湖南的岳阳市，第四等级板块分布在城市群东西两侧，分别为江西的上饶市、景德镇市和湖北的宜昌市、常德市。

2005年：第一等级板块高度集聚在城市群东部，三个高协调度城市全部位于江西省境内，分别为上饶市、九江市和宜春市；第二等级板块也高度集聚在城市群东部，依附于第一等级板块，另外在城市群西部也分散少数几个城市；第三等级板块也高度集聚在江西省境内，第四等级板块高度集聚在城市群中西部，以湖南省和湖北省城市居多。

2010年：第一等级板块城市数量较少，仅有两个，分别为抚州市和宜昌市；第二等级板块高度集聚在长株潭城市群，第三等级板块高度集聚在城市群中部，以长株潭城市群和环鄱阳湖城市群最为集中；第四等级板块则高度集聚在武汉城市圈。

2015年：第一等级板块则集聚在三个省会城市周边，第二等级板块则集聚在长株潭城市群；第三等级板块空间分布较为分散，分布在城市群外围地带；第四等级板块多分布在江西省境内。

5.3.3 等级规模总体呈现出“集中—分化—集中”演变

在2000—2015年的测度期间内，长江中游城市群内的28个城市的创新供给子系统和需求子系统间的协调度主要表现为共同进阶的发展态势，而在空间

上也表现为“均质空间”的演化形式。测度期初，只有武汉城市圈内的黄冈市的创新供给需求协调度处于濒临失调阶段，而长江中游其他城市则处于失调阶段；2005 年，九江市和新余市上升为勉强协调型，上饶市、鹰潭市和南昌市上升为濒临失调型，其余 23 个城市仍处于失调阶段；在此后的 2010 年，长江中游城市群内的 28 个城市的创新供给子系统和需求子系统间的协调度发展产生了较大的地区差异，这一时期内长江中游城市群共产生了 4 种发展类型，其中武汉城市圈的荆州市和襄阳市、长株潭城市群的湘潭市和环鄱阳湖城市群的新余市为勉强协调型，宜昌市是唯一一个良好协调型的城市，中级协调型和初级协调型的城市分别为 11 个和 12 个，长江中游城市群内的 28 个城市的创新供给子系统和需求子系统间的协调度整体上处于纺锤形结构；2015 年，长江中游城市群 28 个城市中有 24 个已经进入优质协调型发展阶段，其余四个未能计入优质协调型的城市包括武汉城市圈的咸宁市和荆门市、环鄱阳湖城市群的抚州市和萍乡市，而其中三个也已经处于良好协调发展阶段，仅有荆门市仍停留于初级协调发展阶段。长江中游城市群内的 28 个城市的创新供给子系统和需求子系统间的协调度的时空演变结果揭示了创新供给子系统和需求子系统的协调发展进程，也表明二者在演进过程中不断相互影响，实现了较好的良性循环发展模式。

5.4 城市创新供需系统耦合—协调发展的区域类型

5.4.1 城市创新供需系统耦合—协调发展的类型分类

耦合度可以较好地量化出长江中游城市群创新供给子系统和创新需求子系统测度期内不同时间节点、不同研究区域的城市创新需求子系统和创新供给子系统的协同发展水平，同时对于长江中游城市群创新系统未来的协调发展也有一定的示警作用。但是仅仅分析长江中游城市群内的 28 个城市的创新供给子系统和需求子系统间的耦合度难以结合各个城市所处的创新供给子系统发展水平和创新需求子系统发展水平进行综合考量。为综合反映长江中游城市群内的 28 个城市的创新供给子系统和需求子系统间的协调发展水平，本书综合考量各个城市的耦合度和协调度，并对不同类型的耦合度和协调度结合模式进行了分类（如表 5.6 所示）。

表 5.6 长江中游城市群创新供需系统耦合-协调度的区域发展类型

协调度 耦合度	[0, 0.40)	[0.40, 0.50)	[0.50, 0.60)	[0.60, 0.70)	[0.70, 0.80)	[0.80, 0.90)	[0.90, 1.00)
[0, 0.300)	低水平失调不可持续发展	低水平濒临失调不可持续发展	低水平勉强协调可持续发展	低水平初级协调可持续发展	低水平中级协调可持续发展	低水平良好协调可持续发展	低水平优质协调可持续发展
[0.300, 0.500)	拮抗型失调不可持续发展	拮抗型濒临失调不可持续发展	拮抗型勉强协调可持续发展	拮抗型初级协调可持续发展	拮抗型中级协调可持续发展	拮抗型良好协调可持续发展	拮抗型优质协调可持续发展
[0.500, 0.700)	磨合型失调不可持续发展	磨合型濒临失调不可持续发展	磨合型勉强协调可持续发展	磨合型初级协调可持续发展	磨合型中级协调可持续发展	磨合型良好协调可持续发展	磨合型优质协调可持续发展
[0.700, 0.900)	高水平失调不可持续发展	高水平濒临失调不可持续发展	高水平勉强协调可持续发展	高水平初级协调可持续发展	高水平中级协调可持续发展	高水平良好协调可持续发展	高水平优质协调可持续发展
[0.900, 1.000)	有序失调不可持续发展	有序濒临失调不可持续发展	有序勉强协调可持续发展	有序初级协调可持续发展	有序中级协调可持续发展	有序良好协调可持续发展	有序优质协调可持续发展

5.4.2 城市创新系统耦合-协调发展的区域类型

依据长江中游城市群创新供给子系统和需求子系统间协调发展水平的综合分类结果（如表 5.6 所示），对长江中游城市群内的 28 个城市按照时间段的不同分别进行分类，以厘清长江中游城市群内城际之间创新供给和需求两个子系统发展过程中的耦合协调关系。

在测度期初的 2000 年，长江中游城市群创新供给子系统和需求子系统间协调发展水平共可以分成六类，地区间的差异性较大。其中，第一类为常德市、荆门市、九江市、武汉市和长沙市所处的低水平失调不可持续发展；第二类为高水平濒临失调不可持续发展，仅有一个城市，为黄冈市；第三类为高水平失调不可持续发展，属于这一类的城市有 4 个，分别为鄂州市、咸宁市、宜春市和岳阳市；第四类为拮抗型失调不可持续发展，属于这一类的城市也有 4 个，分别为抚州市、吉安市、宜昌市和鹰潭市；第五类为磨合型失调不可持续发展，属于这一类的城市有景德镇市、上饶市、湘潭市和襄阳市；第五类为有序失调不可持续发展，由其余 8 市组成。

2005 年，由于长江中游城市群创新供给子系统和需求子系统间协调发展水平呈现出不同幅度的变换，因而其发展情况较之 2000 年则更为复杂，这一阶段长江中游城市群创新供给子系统和需求子系统间协调发展水平共分为七类。其中，第一类仍然处于低水平失调不可持续发展阶段，属于这一类的城市有 10 个；第二类为高水平濒临失调不可持续发展，分别上饶市和鹰潭市，两市同属于环鄱阳湖城市群；同属于环鄱阳湖城市群的新余市和九江市则属于第三类，两市处于高水平勉强协调可持续发展阶段；第四类有宜昌、鄂州和衡阳 3 个城市，三市处于高水平失调不可持续发展阶段；第五类为拮抗型失调不可持续发展，属于这类的城市有 8 个；第六类为磨合型濒临失调不可持续发展，仅南昌一市；第七类为有序失调不可持续发展，分别为抚州市和萍乡市。

2010 年，长江中游城市群创新供需系统复杂性趋势继续生长，耦合—协调发展区域类型在这一阶段分为 8 类，其中处于有序中级协调可持续发展阶段城市的数量是最多的，共有 7 个城市处于这一阶段；其次共有 6 个城市处于高水平初级协调可持续发展阶段，5 个城市处于高水平中级协调可持续发展阶段，4 个城市处于有序初级协调可持续发展阶段，3 个城市处于磨合型勉强协调可持续发展阶段，而处于有序良好调可持续发展阶段、磨合型初级协调可持续发展阶段和高水平勉强协调可持续发展阶段的城市各有一个。

2015 年，长江中游城市群创新供需系统发展水平的耦合协调度仍然保持了不同幅度的提升，其中，长江中游城市群内的大部分地市都已经实现了有序优质协调可持续发展，达到这一类的城市多达 24 个，其余 4 个城市有 3 个为有序良好调可持续发展，仅荆门市这一个城市位居高水平中级协调可持续发展阶段。

6　城市创新系统协同演化机制及情景模拟

6.1　城市创新供需系统协同演化机制的线性回归分析

长江中游城市群的创新供给子系统和创新需求子系统之间的协调发展是呈现螺旋式的跳跃上升，其演化过程受到了创新供给子系统和创新需求子系统的共同作用，更是创新供给子系统和创新需求子系统所包含的各类要素之间作用的共同结果。因此，本节我们将主要应用统计学和计量经济学基础知识，通过统计软件探索长江中游城市群的创新供给子系统和创新需求子系统之间的作用机制。在实际操作上，本节分别以长江中游城市群创新供给子系统发展水平为被解释变量，以长江中游城市群的需求子系统发展水平为解释变量，探讨创新需求子系统对供给子系统的影响机制；以长江中游城市群创新需求子系统发展水平为被解释变量，以长江中游城市群的供给子系统发展水平为解释变量，探讨创新供给子系统对需求子系统的影响机制。

6.1.1　创新供给子系统发展的需求影响机制

（1）创新供给子系统核心层面的影响机制。为探索长江中游城市群创新需求子系统对创新供给子系统的核心层面发展水平的影响机制，本节先以创新供给中的核心供给为被解释变量，然后以创新需求子系统中的经济水平、经济结构、社会人口、社会生活四个次级评价层面作为解释变量，通过 stata 软件进行回归分析，结果显示其 $R^2=0.999$（如表 6.1 所示），表明长江中游城市群创新系统核心（人才）供给与经济水平、经济结构、社会人口、社会生活之间存在线性回归联系。在各项指标的回归结果中，经济水平、经济结构、社会生活三个创新需求子系统次级层面指标与长江中游城市群创新供给子系统的发展水平有显著的影响，而社会人口变量与长江中游城市群创新供给子系统的发展水平之间的联系并不显著，表明长江中游城市群创新供给子系统发展水平主要受到经济水平、经济结构、社会生活的影响。

表6.1 以核心（人才）供给作为因变量的回归方程（2000—2015年）

解释变量	非标准化系数		常数项	t统计量	显著水平
	B	标准误差	Beta		
常数项	0.423	0.000	/	18.125	0.001
经济水平	-0.165	0.000	-0.215	-3.214	0.012
经济结构	-0.798	0.000	-0.583	-3.124	0.013
社会生活	1.256	0.000	1.740	2.145	0.028

长江中游城市群创新系统核心（人才）供给主要受经济水平、经济结构、社会生活三个因素影响（如图6.1所示）。经济水平与长江中游城市群创新供给子系统发展水平的相关系数为-0.165，表明经济发展水平越高，相应的长江中游城市群创新供给子系统发展水平越低；相似的，经济结构与长江中游城市群创新供给子系统发展水平的相关系数为-0.798，表明经济发展水平越高，相应的长江中游城市群创新供给子系统发展水平越低，且经济结构对长江中游城市群创新供给子系统发展水平的负向影响要强于经济水平；社会生活与长江中游城市群创新供给子系统发展水平的相关系数为1.256，表明随着社会生活水平的不断提高，长江中游城市群创新供给子系统发展水平也将随之不断提升。

经济发展和社会发展与长江中游城市群创新供给子系统发展水平呈现截然相反的影响机制，究其原因，可能在于：（1）对于经济水平、经济结构对城市创新系统核心人才供给发育的负向影响可以理解为尽管长江中游城市群在全国区域经济发展和城市群建设中具有重要地位，武汉市、长沙市和南昌市的经济发展水平也大多位于全国城市领先水平，且第二产业和第三产业的比重也逐年增加，然而城市群其他城市经济发展水平较低，与这三个省会城市，尤其是武汉市相差悬殊，以致长江中游城市群经济发展整体水平偏下。长江中游城市群创新系统核心供给发育水平由于依靠着长江中游城市群的高校和科研企业支持，其发展水平已经领先于长江中游城市群经济发展在全国中的地位，因而两者呈现了负相关的统计回归结果，最终导致了在经济计量分析中经济发展越好、创新越差的现象。（2）社会生活水平有效地促进了长江中游城市群创新供给子系统发展水平的提升，这是因为高水平的收入是人才集聚的主要原因之一，高水平的收入才会更吸引人才的引进和发展，使得更多的创新人才集聚在此，从而使得城市群创新系统核心人才供给发育越来越好。

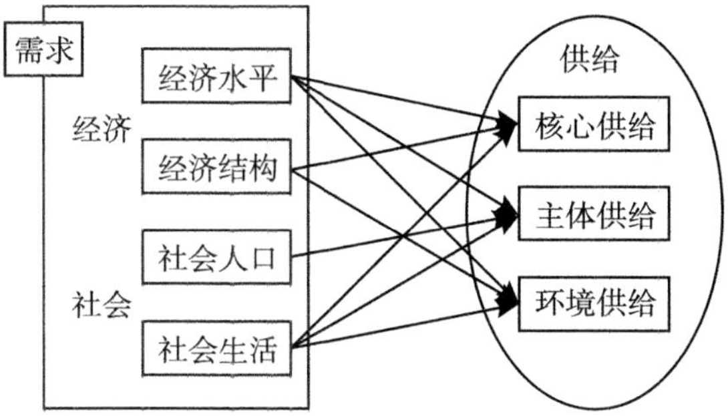

图 6.1　城市创新需求系统对供给系统的耦合作用线性机制图解

注：实箭头表示存在显著性相关

（2）创新供给子系统主体层面的影响机制。为探索长江中游城市群创新需求子系统对创新供给子系统的主体层面发展水平的影响机制，本节先以创新供给中的主体供给为被解释变量，然后以创新需求子系统中的经济水平、经济结构、社会人口、社会生活四个次级评价层面作为解释变量，通过 stata 软件进行回归分析，结果显示其 $R^2=0.980$（如表 6.2 所示），说明长江中游城市群创新系统主体供给与经济水平、经济结构、社会人口、社会生活关系密切。其中经济水平、社会人口和社会生活三个因素的显著性水平小于 0.05，对创新系统主体供给影响显著（如表 6.2 所示）。其中经济水平、社会生活对主体供给的影响系数为正，分别为 0.337 和 0.889，社会人口对主体供给的影响系数为负，为-0.742。究其原因主要是：（1）以普通高等学校数量和规模以上工业企业数量为评价的创新系统主体供给发育水平决定了城市经济水平对主体供给影响较大，因为在这 15 年间，城市的普通高等数量变化幅度较少，而高等学校的空间分布多集中在一些经济水平较高的城市；（2）测度期内长江中游城市群的经济发展还依旧呈现出资源消耗型的模式，致使长江中游城市群内多数城市的第二产业从业人员远远超过第三产业从业人员，而根据相关研究，城市第三产业对创新的需求要远远高于第二产业，因而使得社会人口对主体供给的影响为负；（3）社会生活水平越高，意味着长江中游城市群人均收入就越高，说明长江中游城市群市场环境和企业产值就越高。

表 6.2　　以主体供给作为因变量的回归方程（2000—2015 年）

解释变量	非标准化系数		常数项	t 统计量	显著水平
	B	标准误差	Beta		
常数项	0.308	0.000	/	8.142	0.001
经济水平	0.337	0.000	0.372	5.314	0.005
社会人口	-0.742	0.000	-0.459	-6.324	0.016
社会生活	0.889	0.000	1.042	1.254	0.021

（3）创新供给子系统环境层面的影响机制。以长江中游城市群创新供给子系统所包含的环境层次水平作为被解释变量，并以长江中游城市群需求子系统所包含的经济水平、经济结构、社会人口和社会生活层面发展水平作为解释变量，建立线性回归方程：回归方程拟合度 $R^2=0.980$，说明长江中游城市群创新供给子系统所包含的环境供给水平同需求子系统所包含的经济水平、经济结构、社会人口、社会生活四个次级层面具有显著关联。经济水平、经济结构和社会生活的显著性水平小于 0.05（分别为 0.005、0.047 和 0.025），对创新供给系统环境供给影响显著（如表 6.3、图 6.1 所示）。三者对环境供给的影响系数为分别为 0.353、0.621 和 0.695，表明长江中游城市群经济水平、经济结构、社会生活水平越高，城市创新系统环境供给受其影响也呈现上升趋势。

表 6.3　　以环境供给作为因变量的回归方程（2000—2015 年）

解释变量	非标准化系数		常数项	t 统计量	显著水平
	B	标准误差	Beta		
常数项	0.287	0.000	/	8.124	0.008
经济水平	0.353	0.000	0.453	6.231	0.005
经济结构	0.621	0.000	0.448	1.245	0.047
社会生活	0.695	0.000	0.949	3.245	0.025

6.1.2　创新需求子系统发展的供给影响机制

（1）创新需求子系统经济层面的影响机制。为探索长江中游城市群创新供给子系统对创新需求子系统的经济层面发展水平的影响机制，将长江中游城市群创新需求子系统中的经济发展当被解释变量，并将创新供给子系统中所包含的基本人力供给、基本智力供给、高校/科研机构供给、企业供给、创新资金供给、创新产出供给、创新文化供给、创新环境供给和创新设施供给当解释变量，利用stata13.0软件，进行回归，结果如表6.4和图6.2所示。

表6.4　**以经济发展作为因变量的回归方程（2000—2015年）**

解释变量	非标准化系数		常数项	t统计量	显著水平
	B	标准误差	Beta		
常数项	-0.310	0.000	/	-2.145	0.017
基本人力	0.244	0.000	0.172	10.245	0.001
创新产出	0.564	0.000	0.466	8.254	0.013
创新设施	0.866	0.000	0.430	3.147	0.034

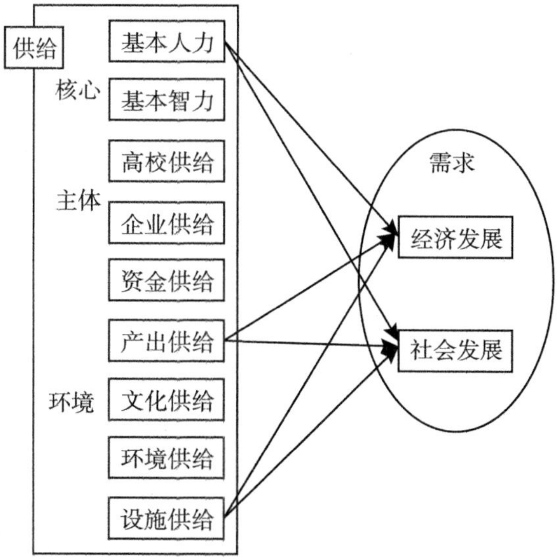

图6.2　城市创新供给系统对需求系统的耦合作用线性机制图解

注：实箭头表示存在显著性相关

回归方程拟合度$R^2=0.982$，说明长江中游城市群经济发展与创新供给系统基本人力供给、基本智力供给、高校/科研机构供给、企业供给、创新资金供给、创新产出供给、创新文化供给、创新环境供给和创新设施供给关系密切。经济发展主要受到基本人力供给、创新产出供给和创新设施供给三个因素的影响（显著性水平分别为0.001、0.013和0.034），其中基本人力供给对长江中游城市群需求子系统的经济层面影响系数为0.244，创新产出供给对长江中游城市群需求子系统的经济层面影响系数为0.564，创新设施供给对长江中游城市群需求子系统的经济层面影响系数为0.866，且三者的系数均为正，反映了这些供给因素对于长江中游城市群需求子系统的经济发展是表现为促进作用的（如图6.2所示）。但值得一提的是，相对于基本人力供给，基本智力供给对于城市创新系统更为重要，而线性回归发现长江中游城市群创新系统基本智力供给对城市经济发展无显著影响，这说明长江中游城市群并未将发达的智力供给转化为经济发展优势；另外作为创新系统的主体，高校和企业对于城市创新的重要性不言而喻，但长江中游城市群作为我国中部高校和企业的集聚地，其作为城市创新主体的作用并未显现。

（2）创新需求子系统社会层面的影响机制。以长江中游城市群创新需求子系统所包含的社会发展水平为被解释变量，并将长江中游城市群创新供给子系统中的基本人力供给、基本智力供给、高校/科研机构供给、企业供给、创新资金供给、创新产出供给、创新文化供给、创新环境供给和创新设施供给当解释变量，利用stata13.0软件进行回归分析，结果如表6.5所示。

表6.5　**以社会发展作为因变量的回归方程（2000—2015年）**

解释变量	非标准化系数		常数项	t 统计量	显著水平
	B	标准误差	Beta		
常量	-0.038	0.000	/	-0.054	0.012
基本人力	0.507	0.000	0.484	10.254	0.001
创新产出	0.362	0.000	0.406	8.364	0.001
创新设施	0.272	0.000	0.183	2.986	0.005

回归方程拟合度 $R^2=0.983$，说明长江中游城市群城市社会发展与城市创新供给系统的基本人力供给、基本智力供给、高校/科研机构供给、企业供给、创新资金供给、创新产出供给、创新文化供给、创新环境供给和创新设施供给关系密切。回归结果显示，基本人力供给的显著性水平为0.001，创新产出供给的显著性水平为0.001，创新设施供给的显著性水平为0.005，表明与经济

发展一样，社会发展也主要受到基本人力供给、创新产出供给和创新设施供给三个因素的影响。其中，基本人力供给的影响系数为 0.507，创新产出供给的影响系数为 0.362，创新设施供给的影响系数为 0.272，解释了基本人力供给、创新产出供给和创新设施供给的发展均促进了长江中游城市群需求子系统的社会发展（如图 6.2 所示）。

6.1.3 小结

为探索长江中游城市群创新供给子系统对创新需求子系统发展水平的影响机制和创新需求子系统对创新供给子系统的作用机理，本章分别以长江中游城市群供给子系统发展水平作为被解释变量，以创新需求子系统内各次级层面作为解释变量；以长江中游城市群需求子系统发展水平作为被解释变量，以创新供给子系统内各次级层面作为解释变量，通过 stata13.0 软件建立回归分析方程，探究创新供给子系统和需求子系统间的影响机制，结果虽然可以在一定程度上反映二者之间的联系，但是鉴于城市创新系统的复杂性、多样性和动态性，结果并不能准确量化长江中游城市群创新供给子系统和需求子系统之间的具体联系，还会出现经济水平提升致使创新供给水平下降的不实结论，因而还必须对长江中游城市群的创新供给子系统和需求子系统之间的关联进行非线性耦合研究。

6.2 城市创新供需系统协同演化机制的系统灰关联分析

6.2.1 理论模型

根据长江中游城市群创新供给子系统和创新需求子系统之间的线性回归结果我们发现，简单的线性回归无法反映长江中游城市群创新系统的真实发展情况，甚至还会造成偏离事实的结论，因此为探索长江中游城市群创新供给子系统对创新需求子系统发展水平的非线性影响机制和创新需求子系统对创新供给子系统的非线性作用机理，同时揭示长江中游城市群创新供给子系统和创新需求子系统的时间演变联系及规律。灰色关联度模型已经在经济、产业、创新、资源、环境和物流等领域的相关研究中，灰色关联度模型已经得到广泛应用，因而本节通过建立灰色关联度模型中的邓氏关联度模型进行具体分析。

长江中游城市群创新供给子系统和需求子系统之间的关联系数 $\xi_{ij}(t)$ 可以通过如下方程进行求解：

$$\xi_{ij}(t)=\frac{\min\limits_{i}\min\limits_{j}\left|Z_i^x(t)-Z_j^y(t)\right|+\rho\max\limits_{i}\max\limits_{j}\left|Z_i^x(t)-Z_j^y(t)\right|}{\left|Z_i^x(t)-Z_j^y(t)\right|+\rho\max\limits_{i}\max\limits_{j}\left|Z_i^x(t)-Z_j^y(t)\right|} \tag{6.1}$$

在式（6.1）中，$Z_i^x(t)$ 和 $Z_j^y(t)$ 分别表示了在测度期内第 t 年长江中游城市群内中心城市标准化后的创新供给子系统发展水平值和创新需求子系统发展水平值。ρ 是模型中所需的分辨系数，参照以往相关研究，本书取 0.5 以表示长江中游城市群的创新供给子系统和创新需求子系统处于同等重要水平。在式 6.1 的基础上建立矩阵 γ，以表示长江中游城市群创新供给子系统发展水平和创新需求子系统发展水平之间的联系，可以通过比较矩阵中 γ_{ij} 的值得出创新需求子系统和创新供给子系统内的联系水平：

$$\gamma=\begin{matrix} & \begin{matrix} X_i & \cdots & X_j & \cdots & X_l \end{matrix} \\ \begin{matrix} Y_1 \\ \vdots \\ Y_i \\ \vdots \\ Y_m \end{matrix} & \begin{bmatrix} \gamma_{11} & \cdots & \gamma_{1j} & \cdots & \gamma_{1l} \\ \vdots & & \vdots & & \vdots \\ \gamma_{i1} & \cdots & \gamma_{ij} & \cdots & \gamma_{il} \\ \vdots & & \vdots & & \vdots \\ \gamma_{m1} & \cdots & \gamma_{mj} & & \gamma_{ml} \end{bmatrix} \end{matrix} \tag{6.2}$$

在式（6.2）中，$\gamma_{ij}=\frac{1}{k}\sum_{j=1}^{k}\xi_i(j)(t)(k=1,2,\cdots,n)$，$k$ 表示长江中游城市群创新供给子系统和创新需求子系统的数量。由此可根据 γ_{ij} 值的大小对长江中游城市群创新供给子系统发展水平和创新需求子系统发展水平间的联系进行具体研判，γ_{ij} 值越大，表明长江中游城市群创新供给子系统和需求子系统之间的联系越强，具体等级结构如表 6.6 所示。

表 6.6　长江中游城市群创新供给子系统和需求子系统关联等级研判

γ_{ij}取值范围	长江中游城市群创新供给子系统和需求子系统关联程度
$\gamma_{ij}=0$	长江中游城市群创新供给子系统和需求子系统无关联
$0<\gamma_{ij}\leqslant 0.35$	长江中游城市群创新供给子系统和需求子系统关联较弱
$0.35<\gamma_{ij}\leqslant 0.65$	长江中游城市群创新供给子系统和需求子系统关联中等
$0.65<\gamma_{ij}\leqslant 0.85$	长江中游城市群创新供给子系统和需求子系统关联较强
$0.85<\gamma_{ij}<1$	长江中游城市群创新供给子系统和需求子系统关联极强
$\gamma_{ij}=1$	长江中游城市群创新供给子系统和需求子系统规律完全相同

以式 6.2 为基础，分别按行和按列求取平均值：

$$\begin{cases} \gamma_i = \dfrac{1}{l}\sum_{j=1}^{l}\gamma_{ij} \\ \gamma_j = \dfrac{1}{m}\sum_{i=1}^{m}\gamma_{ij} \end{cases} \quad (i = 1, 2, \cdots, m; j = 1, 2, \cdots, l) \tag{6.3}$$

可以根据式（6.3）中的 γ_i 和 γ_j 的大小确定长江中游城市群创新供给子系统中对创新需求子系统的主要影响因素以及长江中游城市群需求子系统中对创新供给子系统主要的影响因素。同时为了从整体上研判长江中游城市群创新供给子系统和创新需求子系统之间的关联强度，可以在式（6.3）的基础上构建以下模型，其中 $C(t)$ 代表了长江中游城市群创新供给子系统和创新需求子系统间的关联强度，m 和 n 分别表示长江中游城市群创新供给子系统和创新需求子系统所包含指标的数量：

$$C(t) = \frac{1}{m \times l}\sum_{i=1}^{m}\sum_{j=1}^{l}\xi_i(j)(t) \tag{6.4}$$

6.2.2 基于灰关联模型的创新供需系统耦合影响机制

根据式（6.1）至式（6.4）以及长江中游城市群创新供给子系统与创新需求子系统面板数据得到二者所包含的次级层面联系强度（如表 6.7 至表 6.10 所示），其中各测度年内长江中游城市群创新供给子系统和创新需求子系统间关联度的取值区间主要集中在［0.5，0.7］，还有部分年份的值高于 0.8。通过计算的关联值以及表 6.6 中的长江中游城市群创新供给子系统和需求子系统关联等级研判可以发现，长江中游城市群创新供给子系统和创新需求子系统及有较强的关联。进一步，为了探索长江中游城市群创新供给子系统发展水平创新需求子系统发展水平间的协调发展模式及其机制，本书把所得的结果通过创新供给子系统和创新需求子系统次级层面的均值进行重新排序，进而得到长江中游城市群创新供给子系统对创新需求子系统发展水平的非线性影响机制和创新需求子系统对创新供给子系统的非线性作用机理。

表 6.7　**2000 年长江中游城市群创新供需系统灰色关联度模型**

指标	经济水平	经济结构	社会人口	社会生活	均值
基本人力供给	0.789	0.788	0.841	0.787	0.801
基本智力供给	0.990	0.993	0.715	0.994	0.923

续表

指标	经济水平	经济结构	社会人口	社会生活	均值
高校/科研机构供给	0.948	0.951	0.723	0.952	0.894
企业供给	0.993	0.995	0.714	0.994	0.924
创新资金供给	0.993	0.996	0.711	0.997	0.924
创新产出供给	0.972	0.975	0.729	0.976	0.913
创新文化供给	0.985	0.988	0.702	0.989	0.916
创新环境供给	0.888	0.888	0.730	0.887	0.848
创新设施供给	0.817	0.816	0.799	0.815	0.812
均值	0.931	0.932	0.741	0.933	/

表 6.8　**2005 年长江中游城市群创新供需系统灰色关联度模型**

指标	经济水平	经济结构	社会人口	社会生活	均值
基本人力供给	0.901	0.898	0.843	0.902	0.886
基本智力供给	0.720	0.721	0.750	0.725	0.729
高校/科研机构供给	0.745	0.748	0.726	0.750	0.742
企业供给	0.939	0.943	0.856	0.952	0.923
创新资金供给	0.963	0.956	0.864	0.949	0.933
创新产出供给	0.837	0.836	0.830	0.839	0.836
创新文化供给	0.886	0.893	0.849	0.898	0.882
创新环境供给	0.747	0.739	0.768	0.750	0.751
创新设施供给	0.866	0.859	0.842	0.863	0.858
均值	0.845	0.844	0.814	0.848	/

表 6.9　**2010 年长江中游城市群创新供需系统灰色关联度模型**

指标	经济水平	经济结构	社会人口	社会生活	均值
基本人力供给	0.720	0.730	0.829	0.796	0.769
基本智力供给	0.742	0.683	0.749	0.763	0.734
高校/科研机构供给	0.659	0.665	0.696	0.732	0.688

续表

指标	经济水平	经济结构	社会人口	社会生活	均值
企业供给	0.812	0.793	0.827	0.853	0.821
创新资金供给	0.826	0.737	0.791	0.811	0.791
创新产出供给	0.802	0.841	0.831	0.873	0.837
创新文化供给	0.794	0.820	0.799	0.866	0.820
创新环境供给	0.696	0.624	0.730	0.716	0.692
创新设施供给	0.830	0.782	0.790	0.848	0.813
均值	0.765	0.742	0.783	0.806	/

表 6.10　**2015 年长江中游城市群创新供需系统灰色关联度模型**

指标	经济水平	经济结构	社会人口	社会生活	均值
基本人力供给	0.628	0.637	0.653	0.635	0.638
基本智力供给	0.923	0.955	0.859	0.962	0.925
高校/科研机构供给	0.879	0.920	0.828	0.926	0.888
企业供给	0.929	0.976	0.856	0.983	0.936
创新资金供给	0.908	0.878	0.862	0.883	0.883
创新产出供给	0.878	0.913	0.849	0.910	0.888
创新文化供给	0.915	0.965	0.836	0.971	0.922
创新环境供给	0.780	0.787	0.739	0.793	0.775
创新设施供给	0.783	0.762	0.804	0.762	0.778
均值	0.847	0.866	0.809	0.869	/

灰色关联度结果显示，需求系统的四个子系统对供给系统都起到明显的带动作用。其中，在测度期内长江中游城市群创新需求子系统所包含的经济结构和社会生活两个次级层面发展水平与长江中游城市群创新供给子系统发展水平的 γ 值都高于 0.65，表明了长江中游城市群创新需求子系统对于创新供给子系统的影响机制中，经济结构和社会生活的影响最为显著。具体从测度期内的各个主要时期来看，在测度期初，经济水平同长江中游城市群创新供给子系统发展水平的关联系数为 0.931，经济结构同长江中游城市群创新供给子系统发

展水平的关联系数为 0.932，社会生活同长江中游城市群创新供给子系统发展水平的关联系数为 0.933，表明三者对长江中游城市群创新供给子系统发展水平有较强的影响；社会人口与供给系统的关联度处于 0.65~0.85，为较强关联；2005 年，经济水平、经济结构、社会生活与供给系统的关联度有所下降，与社会人口一起处于 0.65~0.85，分别为 0.845、0.844、0.814 和 0.848，表明三者与长江中游城市群创新供给子系统发展水平的关联仍然较强；在此后的 2010 年，关联水平也皆处于 0.65~0.85，分别为 0.765、0.742、0.783 和 0.806，为较强关联；2015 年，经济结构、社会生活与供给系统的关联又上升至 0.85~1.0，其中社会生活与长江中游城市群创新供给子系统发展水平的关联系数上升为 0.869，在众多创新需求子系统的次级层面中位列第一，是测度期末影响长江中游城市群创新供给子系统发展水平最主要的因素。

（2）15 年间，供给系统中的 9 个子系统对需求系统的促进作用皆较强，但在不同时间节点，不同供给系统要素对需求系统的促进作用不一。总体来看，智力供给、企业供给、资金供给、产出供给和文化供给对城市创新需求的促进作用较大。分时序来看：2000 年，智力供给、高校/科研机构供给、企业供给、资金供给、产出供给和文化供给与需求系统的关联度超过 0.85，为极强关联，其余供给系统要素与需求系统的关联度也超过 0.65，为较强关联；2005 年，上一阶段与需求系统极强关联的六个供给系统要素，在这一阶段与需求系统的关联度全部下降，与其他要素一同处于 0.65~0.85，全部为较强关联；2010 年，与 2015 年一样，供给系统 9 个要素与需求系统的关联度皆处在 0.65~0.85，属于较强关联；2015 年，智力供给、高校/科研机构供给、企业供给、资金供给、产出供给和文化供给与需求系统的关联度又重新回到 0.85 以上，与需求系统的关系为极强关联，而基本人力供给与需求系统的关联程度下降至 0.638，为中度关联。

6.3 城市创新供需系统协同演化机制的系统动力学分析

6.3.1 理论模型

系统动力学在物流、管理、生态、资源、环境、旅游和创新等诸多领域被应用并取得了大量的研究成果，鉴于长江中游城市群创新供给子系统和需求子系统统一于整体创新系统且二者不断协同发展以促进长江中游城市群创新系统水平提高的特点，本节基于系统动力学思想，进行二者的演化研究，以期对长江中游城市群的创新系统发展达到仿真模拟的目的，具体流程如图 6.3 所示。

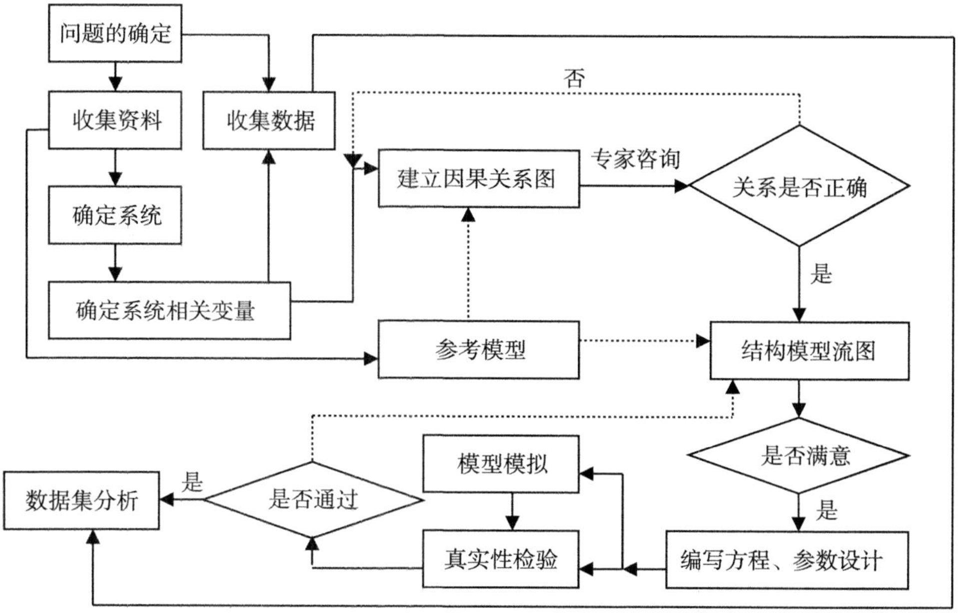

图 6.3 研究流程图

6.3.2 因果反馈分析

根据前文的分析，我们可以认为长江中游城市群创新系统的发展是通过其创新供给子系统和创新需求子系统间各个次级层面的相互影响和促进而运行的，不同的创新子系统次级层面的相互作用在宏观上共同推进了长江中游城市群创新系统整体的发展，而在微观上二者之间的联系也构成了一系列正反馈结构，形成彼此较差的联系。

根据长江中游城市群创新供给子系统和需求子系统之间次级层面关联的显著性，以及长江中游城市群创新系统的发展实际，创新需求子系统中所包含的经济发展和社会发展同创新供给子系统中所包含的核心供给、主体供给和环境供给三个次级层面呈现出相互促进，互相作用的关联机制，这其中的主要反馈回路包括以下几个方面：

(1) 区域生产总值的提升会引致该区域经济活力上涨和贸易水平的提升，因而也会引起财政收入的增加。随着财政收入的增加，区域财政支出也更有保障，可用于科研支出和教育支出的经费就会提升，那么以专任教师数为代表的创新供给系统基本智力供给，以科研经费、教育经费为代表的创新资金供给，以论文产出和专利产出的创新产出供给都将会提升，为正反馈关系。

（2）人均 GDP 和城镇人均可支配收入的增加，进而提升大众的产品需求和层次，从而产业创新产生需求，进而促使企业增加科研经费投入加大研发，从而促使政府也加大科研支出和教育支出，进而促进创新产出增长、创新资金增长和从事创新的人员数量增长，为正向反馈关系。

（3）第二产业和第三产业从业人员作为各自产业的人力投入要素，随着其数量的增加和质量的提升，以及第二、三产业从业人员之间的相互促进作用，最终会引致区域第二产业和第三产业产值数值上的提升，从而使得财政收入和地区 GDP 的上升和人均 GDP 的增长，为正向反馈关系。

（4）高校、规模以上企业数量的增加，使得创新人才的供给和创新产品的供给增加，进而使得创新产出增加，进而提升城市 GDP 和人均 GDP，为正向反馈关系。

（5）城市创新文化、创新环境以及创新设施的改善，能够吸引大量的创新和创业人才前往创业，进而能够增加城市产业对创新人才的需求，以及增加城市产业产值，从而提升城市 GDP，因此城市创新文化、创新环境以及创新设施的改善与城市的反馈关系是正向的。

6.3.3 系统动力学结构分析

根据长江中游城市群创新供给子系统和需求子系统各次级层面间的作用关系反馈回路，本书针对创新需求子系统和创新供给子系统分别选择了具体的流位变量、流率变量、表函数和常量，以期可以全面、科学地揭示长江中游城市群创新供给子系统和创新需求子系统间的相互作用机制。

6.3.3.1 长江中游城市群创新需求子系统

①流位变量：选取地区生产总值（GDP）、第二产业和第三产业的产值（GDP^s、GDP^t）、财政收入四个变量。地区生产总值反映了本地区所有常住单位在一定时期内生产活动的最终成果，地方财政收入则是指地方财政年度收入。第二产业产值和第三产业产值则代表当地第二产业和第三产业的发展水平。本书所选取的长江中游城市群创新需求子系统的四个流位变量本身在测度期内乃至整个经济社会发展过程中具有累积叠加效应，可以较为准确地代表长江中游城市群需求子系统的发展水平。

②流率变量：第二产业和第三产业产值年均增加量、信息传输、计算机服务和软件业从业人员数量和科学研究、技术服务和地质勘察业从业人员数量的年均增加量。第二产业、第三产业产值年均增加量体现了第二产业和第三产业的发展趋势；计算机服务、软件业、技术服务和地质勘察业等都是技术性很强的学科或专业，其从业人员所需要具备的专业知识与能力也相对更高一些，而城市创新的发展可以为这些学科或专业岗位提供更多、综合素质更高的人才，因此以上各个学科或专业的从业人员数量可以体现城市创新的水平。所以以上指标反映了经济结构和社会人口方面的创新需求。

③表函数：分别选取教育经费 GDP、第二产业就业人口 GDP^s、科研经费 GDP^s、教育经费创新产出、和第三产业就业人口 GDP^t 合计五个增长率表函数作为表征长江中游城市群需求子系统的发展。

④常量：分别选取长江中游城市群各城市的初始 GDP 增长率、初始 GDP^s、初始财政收入增长率作为系统模拟的常量。

6.3.3.2 长江中游城市群创新供给子系统

①流位变量：选取固定资产投资额、教育支出、科研支出三个变量。创新需要一定的资金投入作为物质基础，包括建造和购置固定资产、配置各级各类学校人员及教育基本建设、研究和试验发展及与科技活动有关的资源的调动，这三个变量反映了促进创新的资金供给。

②流率变量：选取第二产业从业人员、第三产业从业人员、在校大学生人数、高等学校专任教师数、发明专利申请量、论文发表量、互联网用户数量等变量。第二产业和第三产业的从业人员为推动创新发展起到非常重要的作用；高等学校也是创新产出的主要机构之一，专任教师和大学生对于科学研究做出了突出贡献，是创新的主力军。作为社会发明创造的一种形式，发明专利也是一种创新产出，而发明专利的申请数量也代表了发明者追求创新的积极性；发表论文是科研人员及专业技术人员进行创新产出的必经之路，论文发表量越多，在一定程度上也就说明创新产出量越大。同时，所有创新活动都需要依托必要的设施。所以，以上变量反映了促进创新的基本人力、智力供给、创新产出供给以及相应的设施保障。

③表函数：选取创新资金年均增长表函数、创新产出年均增长表函数、创新设施保障率年均增长表函数、高新技术企业数量年均增长表函数。

④常量：分别选取长江中游城市群各城市的初始科研支出、教育支出增长率以及初始创新产出增长率作为系统模拟的常量。

6.3.4 模型检验

由于长江中游城市群创新供给子系统和需求子系统的仿真值与实际值会有一定的差距，而差距过大则会导致仿真值的不准确，因而本书从历史数据和极端数据两个方面对所模拟的仿真值进行检验，以确定长江中游城市群创新系统的仿真值是否有效。

分别选取长江中游城市群创新供给子系统和需求子系统 2005 年和 2010 年两年的仿真数据，通过 VENSIM 软件对所模拟的仿真值进行真实性检验，检验结果如表 6.11 所示。通过检验结果可以发现，本书所模拟的仿真值与长江中游城市群 2005 年和 2010 年的实际发展情况较为接近，其误差小于 5%的水平，因而可以认为在历史数据层面，长江中游城市群创新系统的仿真值在表达长江中游城市群的实际发展情况上具有科学性和准确性。同时本书也选取了 2005 年和 2010 年各个数据中的极端异常值进行灵敏度检验，同样长江中游城市群创新系统的仿真值也通过了检验，表明在极端数据层面，长江中游城市群创新系统的仿真值在表达长江中游城市群的实际发展情况上也具有科学性和准确性。

表 6.11 长江中游城市群创新供需系统主要指标动力学仿真值与历史数据对比

指标	2010 年			2015 年		
	实际值	仿真值	误差(%)	实际值	仿真值	误差(%)
GDP(亿元)	34357.898	35124.531	2.231	62871.381	64004.256	1.802
人均 GDP(元/人)	28384.071	29123.547	2.610	49390.286	50124.236	1.486
科研支出(万元)	575599	566853	-1.519	1456475	1501354	3.081
教育支出(万元)	6705132	6715470	0.154	6309217	6414365	1.667
第二产业产出(亿元)	17555.958	17898.264	1.906	31720.464	33025.963	4.116
第三产业产出(亿元)	12827.191	13136.745	2.413	25240.851	26132.214	3.531

6.4 城市创新供需系统协同演化的情景模拟

以 6.3.2 中的因果反馈分析为基础，本节利用创新产出 GDP 增长率、科研教育经费财政支出比例、第三产业从业人员中从事科学研究人员的比例等数据作为情景模拟的控制变量，以2010年为基期，并分别设计了自然演变发展模式、供给系统快速发展和供给-需求协调三种模式，对长江中游城市群创新系统的未来发展作出合理的预测和分析。

6.4.1 自然演变发展模式模拟

本书首先进行的是自然演变发展模式模拟，即维持参数的原始数据不变进行长江中游城市群供给子系统和需求子系统发展关系的情景模拟，结果显示：在长江中游城市群创新需求子系统的模拟中，长江中游城市群的地区生产总值和人均地区生产总值在2020年和2025年分别达到了138635.245亿元、80124.351元/人和275687.241亿元、146489.145元/人，同时财政收入也显著提高，2020年和2025年的财政收入模拟值分别为65487895万元和142563987万元。信息传输、计算机服务和软件业从业人员数量和科学研究、技术服务和地质勘察业从业人员数量在2020年和2025年的模拟值也分别达到40.82万人、45.17万人和72.13万人和80.54万人；在长江中游城市群创新供给子系统中，科研和教育经费在2020年和2025年的模拟值分别达到10245873万元和15673524万元，而专利申请量和论文发表量在2020年和2025年的模拟值也大幅提升，分别达到102457件、153241篇和153425件、183254篇。根据情景模拟具体数据的仿真值可以计算得到长江中游城市群在2025年的创新供给子系统发展水平达到0.982，创新需求子系统的发展水平达到0.954，而二者的耦合度和协调度也将达到0.900和0.879，意味着在不干预现有发展的情况下，2025年长江中游城市群创新系统将会实现有序良好协调可持续发展水平。

6.4.2 供给系统快速发展模拟

鉴于供给要适度超出需求发展的理念，本书除按自然演变发展模式进行模拟外，还假设长江中游城市创新供给子系统在未来实现快速发展的情景模拟，通过保持其他参数不变，仅增加科研教育经费占地区生产总值的比重系数、科研教育经费增长率系数和创新产出增长率系数三个参数指标进行情景模拟，结果发现在该模拟过程中，长江中游城市群创新供给子系统的发展水平提高趋势明显，具体表现在专利申请量、论文发表量、高新技术企业数量三个方面，且在三者的共同促进作用下，长江中游城市群创新供给子系统的发展水平也大幅提升，所有数值均为本书三种情景模拟中的最大。结果还显示，长江中游城市群在2025年的专利申请量达到了153214.63件，论文发表量也达到了193654

篇。根据情景模拟具体数据的仿真值可以计算得到长江中游城市群在2025年的创新供给子系统发展水平达到0.997，创新需求子系统的发展水平达到0.968，而二者的耦合度和协调度也将达到0.892和0.879，意味着在实现长江中游城市群供给子系统快速发展的情况下，2025年长江中游城市群创新系统将会实现高水平良好协调可持续发展水平。

6.4.3 供给—需求协调发展模拟

除按照自然演变发展和创新供给系统快速发展两个情景进行模拟外，本书还基于理想状态下的长江中游城市群创新供给子系统和创新需求子系统协调发展情景进行模拟，通过提高创新产出对长江中游城市群的第二产业和第三产业影响和第二、三产业从业人员对研发人员数量影响两个系数，并同时降低创新资金投入对增加GDP的贡献系数以实现该种情景下的仿真模拟，结果显示，长江中游城市群的地区生产总值在2025年将达到256235.45亿元，人均地区生产总值将达到36542.16元，财政收入也将达到10346.58亿元。根据情景模拟具体数据的仿真值可以计算得到长江中游城市群在2025年的创新供给子系统发展水平达到0.979，创新需求子系统的发展水平达到0.987，而二者的耦合度和协调度也将达到0.968和0.937，意味着在实现长江中游城市群供给子系统和创新需求子系统协调发展的情况下，2025年长江中游城市群创新系统将会实现有序优质协调可持续发展水平。

7 结论与不足

7.1 主要结论

本研究首先将长江中游城市群创新系统解构为创新需求子系统和创新供给子系统两个方面，在此基础上分别从时间和空间两个维度量化了二者在2000—2015年的发展水平和协调发展状态，探索了创新需求子系统和创新供给子系统中各次级层面间的相互作用机制，并对长江中游城市群未来的创新发展进行了不同模式的情景模拟，从而达到全面揭示长江中游城市群创新供给子系统和创新需求子系统间协同发展的机理。

（1）在测度期内，长江中游城市群的创新供给子系统和创新需求子系统的发展水平有较大的差异，既反映在时间维度的成长方面，也反映在空间维度的分布格局方面。长江中游城市群创新供给子系统呈现出“金字塔结构”的空间生长趋势，需求子系统呈现出呈两极格局。然而长江中游城市群创新供给子系统和创新需求子系统的发展水平之间存在着严重不协同的现象，测度期内长江中游城市群创新供给子系统的发展明显优于创新需求子系统。

（2）测度期内，长江中游城市群创新供给子系统和创新需求子系统之间的协调发展水平在时间维度上呈现不断上升趋势，二者的关联度不断加强，由失调阶段不断向优质协调阶段发展；在空间维度上，长江中游城市群内各个地级市创新供给子系统和创新需求子系统之间的协调发展差异逐步减小，整体上表现为共同提升的发展态势。

（3）长江中游城市群创新需求子系统和创新供给子系统之间形成了较为复杂的非线性因果反馈机制，创新需求子系统和创新供给子系统中的各次级层面间相互影响和促进，形成了紧密的联系结构。在测度期内，长江中游城市群创新需求子系统对供给子系统发展水平的促进作用以经济结构和社会生活对供给系统的作用最为明显；而创新供给系统中智力供给、企业供给、资金供给、产出供给和文化供给对城市创新需求的促进作用较大。

(4) 以创新供给子系统和创新需求子系统间的因果反馈分析为基础，以2010年为基期，分别设计了自然演变发展模式、供给系统快速发展型和供给-需求协调型三种模式，对长江中游城市群创新系统的未来发展作出合理的预测和分析，结果发现长江中游城市群创新供给子系统和创新需求子系统间的发展关系在自然情况下将实现有序良好协调可持续发展水平；在创新供给子系统快速发展的情景模拟下将会在2025年达到高水平良好协调可持续发展水平；在理想状态下，将在2025年实现有序优质协调可持续发展。

7.2 研究不足

由于个人能力有限，尽管本研究得到了多位老师的指导，但仍然无可避免地存在以下研究不足：

(1) 本研究将长江中游城市群创新系统作为一个封闭的系统进行研究，分别量化了创新供给子系统和创新需求子系统水平并试图厘清其协同演化机制，但在现实情况中，长江中游城市群创新系统并非是一个封闭的系统，随着中国交通基础事业的蓬勃发展，地区间的沟通能力也越来越强，而长江中游城市群创新系统也正是一个开放的创新系统，如何消除外部创新溢出的影响，或如何在开放的系统中研究长江中游城市群创新系统的发展将是本研究未来的主要攻坚方向。

(2) 由于篇幅有限，加之长三角、京津冀和粤港澳大湾区的数据量和计算量较大，本书没有展开对长三角、京津冀和粤港澳大湾区创新系统的相关研究，因而缺乏长江中游城市群创新系统的对比研究，下一阶段，本书将着重通过对比长三角、京津冀和粤港澳大湾区三大区域创新系统和长江中游城市群创新系统的发展，探索长江中游城市群创新系统的优势和弊端，为长江中游城市群的高质量发展提供现实借鉴样本。

(3) 由于本研究所需数据量和计算量较大，本研究经历的定量计算和机制分析等环节历时较长，加之实地调研较早，导致数据大多只更新到了2016年，仅少部分2017年数据可通过相关统计年鉴获得。鉴于2015年的数据较为完整，因此为体现本研究的科学性和严谨性，本书只对2000—2015年的长江中游城市群数据进行了处理。本研究将继续追踪长江中游城市群2016年以后的数据，以期扩充长江中游城市群创新数据量，提高创新系统发展情景模拟的精确度。

7.3 政策建议

根据本书各阶段实证研究结果以及长江中游城市群发展现状，本书为提升长江中游城市群创新发展水平，促进中部地区高质量发展拟提出以下政策建议：

（1）在长江中游城市群创新供给方面，长江中游城市群各个城市之间的地区创新供给差异较大，并呈现出了显著的虹吸效应，武汉、长沙和南昌在整个长江中游城市群中创新供给水平并未有效促进其各次级城市群的创新供给提升，在未来发展中应当适当促进武汉、长沙和南昌的创新供给资源向各自周边城市外溢，通过鼓励城市间创新资源共享、创新人才交流和创新资本整合等不同的方式形成示范效应带动周边城市创新供给水平提升。

（2）在长江中游城市群创新需求方面，同样也面临着两极分化的地区创新发展矛盾，同时还表现为城乡二元差异所导致的创新需求差异，并面临着落后于创新供给的现实状况，因此必须通过提升经济发展水平来提升创新需求水平，并把创新需求水平提升的着力点主要放在各个城市居民生活水平提高方面，通过出台相应政策提升城市及其附属乡镇居民的生活水平，达到创新需求水平可持续发展的目的。

（3）长江中游城市群创新供给子系统和创新需求子系统协调发展水平虽然在 2005—2015 年有显著的提升趋势，但是各个城市在创新供需协调发展水平提升上还有非常大的空间，长江中游城市群内的各个城市应当根据自身创新供给发展和创新需求发展的不同水平，有计划有针对地逐步提升本城市内的薄弱环节和发展短板，在短期内保证创新供给水平提升，并在长期内追求经济社会发展水平的提升。

（4）根据灰色关联度分析结果，不仅创新供给子系统和创新需求子系统内部的因素会对二者产生影响，二者还会产生交互影响，应当利用好二者间相互促进的正向反馈机制，有效提升长江中游城市群创新发展水平。在创新需求中，由于智力供给、企业供给、资金供给、产出供给和文化供给对城市创新需求的促进作用较大，在具体提升创新需求方面上，还应当注重具体创新供给能力的提升。在创新供给中，创新需求子系统中以经济结构和社会生活对供给系统的作用最为明显，应当更为注重经济结构改革和人民社会质量的提升。

（5）在区域发展中，环鄱阳湖城市群与武汉城市圈、长株潭城市群创新发展水平仍有一定的差距，特别是相较于武汉市和长沙市，南昌市不论是在创新供给还是创新需求方面都有较大差距，因此应当建立相应政策保障机制，鼓励南昌市的创新供给和需求水平提升，以带动整个环鄱阳湖城市群的创新发展。

（6）武汉市和长沙市都拥有较多的高校和科研院所，是长江中游城市群创新发展的排头兵，城市群内其他城市应当加大与武汉市和长沙市的创新交流，通过学习引进等方式提升本市的创新发展水平，在长江中游城市群内部首先形成有效的协同创新机制。

参考文献

Kaufmann A, Lehner P, Tödtling F. Effects of the Internet on the spatial structure of innovation networks [J]. Information Economics and Policy, 2003, 15: 402-424.

Adam Jaffe B. The U. S. patent system in transition: policy innovation and the innovation process [J]. Research Policy, 2000, 29: 4-5.

Agrawal A, Cockburn I. The anchor tenant hypopaper: exploring the role of large, local, R&D-intensive firms in regional innovation systems [J]. International Journal of Industrial Organization, 2003, 21: 1227-1253.

Kangasharju A, Nijkamp Peter. Innovation dynamics in space: local actors and local factors [J]. Socio-Economic Planning Sciences, 2001, 35: 31-56.

Uzun A. Technological innovation activities in Turkey: the case of manufacturing industry, 1995 - 1997 [J]. Technovation, 2001, 21: 189-196.

Pettigrew A, Massini S, Numagami T. Innovative forms of organising in Europe and Japan [J]. European Management Journal, 2000, 18: 259-273.

Hausman A, Johnston W J. The role of innovation in driving the economy: Lessons from the global financial crisis [J]. Journal of Business Research, 2014, 67: 2720-2726.

Triguero A, Moreno-Mondéjar L, María D A. Drivers of different types of eco-innovation in European SMEs [J]. Ecological Economics, 2013, 92: 25-33.

Asheim B T, Isaksen A. Regional Innovation Systems: The Integration of Local "Stick" and Global "Ubiquitous" Knowledge [J]. The Journal of Technology Transfer, 2002, 27 (1): 77-86.

Christiansen A C. Climate policy and dynamic efficiency gains: A case study on Norwegian CO2-taxes and technological innovation in the petroleum sector [J]. Climate Policy, 2001, 1: 499-515.

Cabrer-Borrás B, Serrano-Domingo G. Innovation and R&D spillover effects in

Spanish regions: A spatial approach [J]. Research Policy, 2007, 36: 1357-1371.

Breschi S, Malerba F. Sectorial systems of innovation: technological regimes, Schumpeterian dynamics and spatial boundaries [M]. Systems of innovation: technologies, institutions, and organizations. London: Frances Pinter, 1997.

Bye B, Fæhn T, Heggedal T R. Welfare and growth impacts of innovation policies in a small, open economy; an applied general equilibrium analysis [J]. Economic Modelling, 2009, 26: 1075-1088.

Carlsson B, Stankiewicz R. On the nature, function and composition of technological systems [J]. Journal of evolutionary economics, 1991, 1 (2): 93-118.

Chang Y, Dijkema G P J, Jong M d, Shi H. From an eco-industrial park towards an eco-city: a case study in Suzhou, China [J]. Journal of Cleaner Production, 2015, 102: 264-274.

Foo C T, Foo C-T. Socialization of technopreneurism: towards symbiosis in corporate innovation and technology strategy [J]. Technovation, 2000, 20: 551-562.

Wang C Q, Mario K I. What factors determine innovation performance in emerging economies? Evidence from China [J]. International Business Review, 2009, 18: 606-616.

Freeman C. Continental, national and sub-national innovation systems—complementarity and economic growth [J]. Research Policy, 2002, 31: 191-211.

Ghisetti C, Marzucchi A, Montresor S. The open eco-innovation mode. An empirical investigation of eleven European countries [J]. Research Policy, 2015, 44: 1080-1093.

Cooke P, Braczyk H J, Heidenreich M. Regional Innovation Systems: The Role of Governances in the Globalized World [M]. London: UCL Press, 1996.

Cooke P, Heidenreich M, Braczyk H J. Regional Innovation Systems: The role of governance in a globalized world [M]. London: UCL Press, 1996.

Cooke P, Urangam G, Etxebarria G. Regional innovation systems: institutional and organisational dimensions [J]. Research policy, 1997, 26 (4): 475-491.

You D M, Zhang Y, Yuan B L. Environmental regulation and firm eco-innovation: Evidence of moderating effects of fiscal decentralization and political competition from listed Chinese industrial companies [J]. Journal of Cleaner

Production, 2019, 207: 1072-1083.

Zhu D, Zeng D M, Zhou Q. Regional Technical Innovation Suitability and Economic Growth in China [J]. Procedia Engineering, 2011, 15: 5343-5349.

Archibugi D, Evangelista R, Simonetti R. Concentration, firm size and innovation: evidence from innovation costs [J]. Technovation, 1995, 15: 153-163.

Santo D F L, Basso L F C, Kimura H, KazuoKayo E. Innovation efforts and performances of Brazilian firms [J]. Journal of Business Research, 2014, 67: 527-535.

Vivanco D F, Kemp R, Voet E D. The relativity of eco-innovation: environmental rebound effects from past transport innovations in Europe [J]. Journal of Cleaner Production, 2015, 101: 15: 71-85.

Stoltz D, Arrias J, Lundqvist P. Categorization Framework for Systems Innovation in Eco Cities [J]. Energy Procedia, 2015, 75: 2466-247.

Wan D, Ong C H, Lee F. Determinants of firm innovation in Singapore [J]. Technovation, 2005, 25: 261-268.

Edquist C. Reflections on the systems of innovation approach [J]. Science and Public Policy, 2004, 31 (6): 485-489.

Edquist C. Systems of innovation: perspectives and challenges [J]. African Journal of Science, Technology, Innovation and Development, 2011, 2 (3): 14-43.

Fariborz D. Bureaucracy and innovation revisited: Effects of contingency factors, industrial sectors, and innovation characteristics [J]. The Journal of High Technology Management Research, 1996, 7: 149-173.

Caprotti F. Critical research on eco-cities? A walk through the Sino-Singapore Tianjin Eco-City, China [J]. Cities, 2014, 36: 10-17.

Orfila-Sintes F, Crespí-Cladera R, Martínez-Ros E. Innovation activity in the hotel industry: Evidence from Balearic Islands [J]. Tourism Management, 2005, 26: 851-865.

Freeman C. Technological infrastructure and international competitiveness [J]. Industrial and Corporate Change, 2004, 13 (3): 541-569.

Freeman C. Technology policy and economic performance: lessons from Japan [M]. London: Pinter, 1987.

Yang F X, Yang M. Analysis on China's eco-innovations: Regulation context, intertemporal change and regional differences [J]. European Journal of Operational Research, 2015, 247: 1003-1012.

Jefferson G, Albert H G Z, Guan X J, Yu X Y. Ownership, performance, and innovation in China's large- and medium-size industrial enterprise sector [J]. China Economic Review, 2003, 14: 89-113.

Klaassen G, Miketa A, Larsen K, Sundqvist T. The impact of R&D on innovation for wind energy in Denmark, Germany and the United Kingdom [J]. Ecological Economics, 2005, 54: 227-240.

Marin G. Do eco-innovations harm productivity growth through crowding out? Results of an extended CDM model for Italy [J]. Research Policy, 2014, 43: 301-317.

Gregory S N, Noel G P, William F A. Firm size and dynamic technological innovation [J]. Technovation, 2002, 22: 537-549.

Dou H, Dou J-M Jr. Innovation management technology: experimental approach for small firms in a deprived environment [J]. International Journal of Information Management, 1999, 19: 401-412.

Zhen H. Research on the Evaluation of China's Provincial Eco-Innovation Capability [J]. Energy Procedia, 2011, 5: 647-653.

Guan J, Ma N. Innovative capability and export performance of Chinese firms [J]. Technovation, 2003, 23: 737-747.

James L H, Roper S. Location and network effects on innovation success: evidence for UK, German and Irish manufacturing plants [J]. Research Policy, 2001, 30: 643-661.

Fagerberg J, Srholec M. National innovation systems, capabilities and economic development [J]. Research Policy, 2008, 37: 1417-1435.

Francis J, Smith A. Agency costs and innovation some empirical evidence [J]. Journal of Accounting and Economics, 1995, 19: 383-409.

Horbach J. Empirical determinants of eco-innovation in European countries using the community innovation survey [J]. Environmental Innovation and Societal Transitions, 2016, 19: 1-14.

Howells J. Innovation and regional economic development: A matter of perspective? [J]. Research Policy, 2005, 34: 1220-1234.

GUAN J C, Richard Y C M, Esther T P Y, Antonio L K W. Innovation strategy and performance during economic transition: Evidences in Beijing, China [J]. Research Policy, 2009, 38: 802-812.

Zhang J X, Chang Y, Zhang L X, Li D. Do technological innovations promote urban green development? — A spatial econometric analysis of 105 cities in China [J]. Journal of Cleaner Production, 2018, 182: 395-403.

Falk J, Ryan C. Inventing a sustainable future: Australia and the challenge of eco-innovation [J]. Futures, 2007, 39: 215-229.

Zeng J L. Innovative vs. imitative R&D and economic growth [J]. Journal of Development Economics, 2001, 64: 499-528.

Johannessen J-A, Olsen B. The future of value creation and innovations: Aspects of a theory of value creation and innovation in a global knowledge economy [J]. International Journal of Information Management, 2010, 30: 502-511.

Boymal J, Martin B, Lam D. The political economy of Internet innovation policy in Vietnam [J]. Technology in Society, 2007, 29: 407-421.

Murphy J, Gouldso A. Environmental policy and industrial innovation: integrating environment and economy through ecological modernisation [J]. Geoforum, 2000, 31: 33-44.

Chen J, Cheng J H, Dai S. Regional eco-innovation in China: An analysis of eco-innovation levels and influencing factors [J]. Journal of Cleaner Production, 2017, 153: 1-14.

Chen K H, Guan J C. Mapping the functionality of China's regional innovation systems: A structural approach [J]. China Economic Review, 2011, 22: 11-27.

Wakelin K. Innovation and export behaviour at the firm level [J]. Research Policy, 1998, 26: 829-841.

Kiyohiko I, Elizabeth L R. Innovations and geographic focus: A comparison of US and Japanese firms [J]. International Business Review, 1999, 8: 55-74.

Koschatzky K, Bross U, Stanovnik P. Development and innovation potential in the Slovene manufacturing industry: analysis of an industrial innovation survey [J]. Technovation, 2001, 21: 311-324.

Chen K, Kenney M. Universities/Research Institutes and Regional Innovation Systems: The Cases of Beijing and Shenzhen [J]. World Development, 2007, 35: 1056-1074.

Gima K A. Market orientation and innovation [J]. Journal of Business

Research, 1996, 35: 93-103.

Bottazzi L, Peri G. Innovation and spillovers in regions: Evidence from European patent data [J]. European Economic Review, 2003, 47: 687-710.

Hall L A, Bagchi-Sen S. A study of R&D, innovation, and business performance in the Canadian biotechnology industry [J]. Technovation, 2002, 22: 231-244.

Lambertini L, Orsini R. Process and product innovation in a vertically differentiated monopoly [J]. Economics Letters, 2000, 68: 333-337.

Lundvall U B Å, Johnson B, Andersen E S, et al. National systems of production, innovation and competence building [J]. Research policy, 2002, 31 (2): 213-231.

Lundvall U B Å. From innovation as an interactive process to the national system of innovation in an era of globalization: lessons for enterprises, universities and public policy [R]. Aalborg: Aalborg University, Department of Business and Management, 2014.

Lundvall U B Å. National innovation systems analytical concept and development tool [J]. Industry and innovation, 2007, 14 (1): 95-119.

Lundvall U B Å. Product innovation and user producer interaction [M]. Aalborg: Aalborg University Press, 1985.

Trajtenberg M. Innovation in Israel 1968 – 1997: a comparative analysis using patent data [J]. Research Policy, 2001, 30: 363-389.

Martinez M G, Briz J. Innovation in the Spanish food & drink industry [J]. The International Food and Agribusiness Management Review, 2000, 3: 155-176.

Gilli M, Mancinelli S, Mazzanti M. Innovation complementarity and environmental productivity effects: Reality or delusion? Evidence from the EU [J]. Ecological Economics, 2014, 103: 56-67.

Sanni M. Drivers of eco-innovation in the manufacturing sector of Nigeria [J]. Technological Forecasting and Social Change, 2017, 131: 303-314.

Yorukoglu M. Product vs. process innovations and economic fluctuations [J]. Carnegie-Rochester Conference Series on Public Policy, 2000, 52: 137-163.

Miettinen R. National innovation system: scientific concept or political rhetoric [M]. Helsinki: Edita, 2002.

Abdu M, Jibir A. Determinants of firms innovation in Nigeria [J]. Kasetsart

Journal of Social Sciences, 2018, 39: 448-456.

Dayasindhu N, Chandrasheka S R. Indian remote sensing program: A national system of innovation? [J]. Technological Forecasting and Social Change, 2005, 72: 287-299.

Intarakumnerd P, Chairatana P-A, Tangchitpiboon T. National innovation system in less successful developing countries: the case of Thailand [J]. Research Policy, 2002, 31: 1445-1457.

Dewick P, Maytorena-Sanchez E, Winch G. Regulation and regenerative eco-innovation: the case of extracted materials in the UK [J]. Ecological Economics, 2019, 160: 38-51.

Conceição P, Manuel H V, Pedro V S. Are environmental concerns drivers of innovation? Interpreting Portuguese innovation data to foster environmental foresight [J]. Technological Forecasting and Social Change, 2006, 73: 266-276.

Demirel P, Kesidou E. Stimulating different types of eco-innovation in the UK: Government policies and firm motivations [J]. Ecological Economics, 2011, 70: 1546-1557.

Peter K F, El-Ghamrini S, Gregory P. Rural telephone companies: offering technology innovations to enhance the economic development of communities [J]. Technology in Society, 2001, 23: 79-91.

Therrien P, Mohnen P. How innovative are Canadian firms compared to some European firms? A comparative look at innovation surveys [J]. Technovation, 2003, 23: 359-369.

Porter M. The competitive advantage of nations [M]. New York: The Free Press, 1990.

Qian Q L, Chen Y B. SME, Technological Innovation and Regional Environment: The Case of Guangdong, China [J]. Procedia Earth and Planetary Science, 2011, 2: 327-333.

Shang Q Y, Jessie P P H, Yue Q T. The role of regional knowledge spillovers on China's innovation [J]. China Economic Review, 2012, 23: 1164-1175.

Andergassen R, Nardini F. Endogenous innovation waves and economic growth [J]. Structural Change and Economic Dynamics, 2005, 16: 522-539.

Veugelers R, Cassiman B. Make and buy in innovation strategies: evidence from Belgian manufacturing firms [J]. Research Policy, 1999, 28: 63-80.

Belderbos R. Overseas innovations by Japanese firms: an analysis of patent and subsidiary data [J]. Research Policy, 2001, 30: 313-332.

Evangelista R, Iammarino S, Mastrostefano V, Silvani A. Measuring the regional dimension of innovation. Lessons from the Italian Innovation Survey [J]. Technovation, 2001, 21: 733-745.

Robert H W, David L F, Richard S G. Business unit innovation and the structure of executive compensation [J]. Journal of Accounting and Economics, 1995, 19: 279-313.

Basile R. Export behaviour of Italian manufacturing firms over the nineties: the role of innovation [J]. Research Policy, 2001, 30: 1185-1201.

Garcia R, Wigger K, Hermann R R. Challenges of creating and capturing value in open eco-innovation: Evidence from the maritime industry in Denmark [J]. Journal of Cleaner Production, 2019, 220: 642-654.

Quadros R, Furtado A, Bernardes R, Franco E. Technological Innovation in Brazilian Industry: An Assessment Based on the São Paulo Innovation Survey [J]. Technological Forecasting and Social Change, 2001, 67: 203-219.

Chung S. Building a national innovation system through regional innovation systems [J]. Technovation, 2002, 22: 485-491.

Kano S. Technical innovations, standardization and regional comparison - a case study in mobile communications [J]. Telecommunications Policy, 2000, 24: 305-32.

Schumpeter J A. The Theory of Economic Development [M]. Beijing: The Commercial Press, 1991: 13-25.

Sharif N. Emergence and development of the National Innovation Systems concept [J]. Research policy, 2006, 35 (5): 745-766.

Bagchi-Sen S. Product innovation and competitive advantage in an area of industrial decline: the Niagara region of Canada [J]. Technovation, 2001, 21: 45-54.

Hung S-W. Development and innovation in the IT industries of India and China [J]. Technology in Society, 2009, 31: 29-41.

Zhao S L, Song W, Zhu D Y, Peng X B, Cai W J. Evaluating China's regional collaboration innovation capability from the innovation actors perspective-An AHP and cluster analytical approach [J]. Technology in Society, 2013, 35: 182-

190.

Smita B B, Mark C A. Determinants of environmental innovation in US manufacturing industries [J]. Journal of Environmental Economics and Management, 2003, 45: 278-293.

Wang S, Zhang J Q, Fan F, Lu F, Yang L S. The symbiosis of scientific and technological innovation efficiency and economic efficiency in China — an analysis based on data envelopment analysis and logistic model [J]. Technology Analysis & Strategic Management, 2019, 31 (1): 67-80.

Wang S, Sun C Z, Li X, Zou W. Sustainable Development in China's Coastal Area: Based on the Driver-Pressure-State-Welfare-Response Framework and the Data Envelopment Analysis Model [J]. Sustainability, 2016, 8: 958.

Metcalfe S, Ramlogan R. Innovation systems and the competitive process in developing economies [J]. The Quarterly Review of Economics and Finance, 2008, 48: 433-446.

Kuhlmann S. Future governance of innovation policy in Europe — three scenarios [J]. Research Policy, 2001, 30: 953-976.

Karagiannis S. The Knowledge-Based Economy, Convergence and Economic Growth: Evidence from the European Union [J]. The Journal of Economic Asymmetries, 2007, 4: 65-85.

Martin S, John S T. The nature of innovation market failure and the design of public support for private innovation [J]. Research Policy, 2000, 29: 437-447.

Casper S, Matraves C. Institutional frameworks and innovation in the German and UK pharmaceutical industry [J]. Research Policy, 2003, 32: 1865-1879.

Foxon T J, Gross R, Chase A, Howes J, Arnall A, Anderson D. UK innovation systems for new and renewable energy technologies: drivers, barriers and systems failures [J]. Energy Policy, 2005, 33: 2123-2137.

Pamukcu T. Trade Liberalization and Innovation Decisions of Firms: Lessons from Post-1980 Turkey [J]. World Development, 2003, 31: 1443-1458.

Costantini V, Crespi F, Marin G, Paglialunga E. Eco-innovation, sustainable supply chains and environmental performance in European industries [J]. Journal of Cleaner Production, 2017, 155: 141-154.

Souitaris V. External communication determinants of innovation in the context of a newly industrialised country: a comparison of objective and perceptual results from

Greece [J]. Technovation, 2001, 21: 25-34.

Volume 29, Issues 4-5, April 2000, Pages 437-447.

Mega V. Cities inventing the civilisation of sustainability: an odyssey in the urban archipelago of the European Union [J]. Cities, 2000, 17: 227-236.

Wei Y H, Zhang H Y, Wei J. Patent elasticity, R&D intensity and regional innovation capacity in China [J]. World Patent Information, 2015, 43: 50-59.

Wiig H, Wood M. What comprises a regional innovation system? An empirical study [J]. European Planning Studies, 1995, 7: 3.

William J H A, Liu Q. Patenting and the role of technology markets in regional innovation in China: An empirical analysis [J]. The Journal of High Technology Management Research, 2011, 22: 14-25.

Cai W G, Li G P. The drivers of eco-innovation and its impact on performance: Evidence from China [J]. Journal of Cleaner Production, 2017, 176: 110-118.

Cai W G, Zhou X L. On the drivers of eco-innovation: empirical evidence from China [J]. Journal of Cleaner Production, 2014, 79: 239-248.

Li X B. Specialization, institutions and innovation within China's regional innovation systems [J]. Technological Forecasting and Social Change, 2015, 100: 130-139.

Liu X L, White S. Comparing innovation systems: a framework and application to China's transitional context [J]. Research Policy, 2001, 30: 1091-1114.

Yu Y N, Wu W J, Zhang T, Liu Y C. Environmental catching-up, eco-innovation, and technological leadership in China's pilot ecological civilization zones [J]. Technological Forecasting and Social Change, 2016, 112: 228-236.

Dong Y, Wang X, Jin J, Qiao Y B, Shi L. Effects of eco-innovation typology on its performance: Empirical evidence from Chinese enterprises [J]. Journal of Engineering and Technology Management, 2014, 34: 78-98.

Fernando Y D, Wah W X. The impact of eco-innovation drivers on environmental performance: Empirical results from the green technology sector in Malaysia [J]. Sustainable Production and Consumption, 2017, 12: 27-43.

Sun Y T, Liu F C. A regional perspective on the structural transformation of China's national innovation system since 1999 [J]. Technological Forecasting and Social Change, 2010, 77: 1311-1321.

Khan Z, Rao-Nicholson R, Shlomo T Y. Global networks as a mode of balance for exploratory innovations in a late liberalizing economy [J]. Journal of World Business, 2018, 53: 392-402.

Zhong X W, Yang X D. Science and technology policy reform and its impact on China's national innovation system [J]. Technology in Society, 2007, 29: 317-325.

曹祺文，鲍超，顾朝林，管卫华．基于水资源约束的中国城镇化 SD 模型与模拟［J］．地理研究，2019，38（01）：167-180.

陈搏．全球科技创新中心评价指标体系初探［J］．科研管理，2016，37：289-295.

陈昌兵．新时代我国经济高质量发展动力转换研究［J］．上海经济研究，2018，5：16-24+41.

陈畴镛，蔡小哩．区域经济与第三方物流互动发展的系统动力学模型［J］．数量经济技术经济研究，2005（07）：44-52.

陈非．河南省第三产业结构发展趋势预测与灰关联分析［J］．经济经纬，2006（06）：30-31，55.

陈建青，扬甦华．创新、经济增长与制度变迁的互依性［J］．南开经济研究，2004（04）：28-30，51.

陈志，薛敬华．改革开放以来湖北省城市化与经济协调发展研究［J］．湖北大学学报（自然科学版），2007（03）：307-311.

程静静，胡善风，张圆刚，齐新征，金声琅．基于粗糙集和层次分析法的农村居民旅游目的地选择研究［J］．地理科学，2016，36（12）：1885-1893.

戴金辉．高等教育发展水平与科技发展水平协调性分析［J］．统计与决策，2017，1：114-116.

党建华，瓦哈甫·哈力克，张玉萍，邓宝山，麦尔哈巴·麦提尼亚孜．吐鲁番地区人口-经济-生态耦合协调发展分析［J］．中国沙漠，2015，35（01）：260-266.

党耀国，朱晓月，丁松，王俊杰．基于灰关联度的面板数据聚类方法及在空气污染分析中的应用［J］．控制与决策，2017，32（12）：2227-2232.

丁刚，姚爽．我国省域循环经济发展绩效评价及空间差异分析——基于全局熵值法和基尼系数分解法［J］．华北电力大学学报（社会科学版），2015（03）：1-6.

杜德斌，段德忠．全球科技创新中心的空间分布、发展类型及演化趋势

[J]. 上海城市规划，2015，1：76-81.

杜德斌，何舜辉．全球科技创新中心的内涵、功能与组织结构 [J]. 中国科技论坛，2016，2：10-15.

杜海东，关伟，王嵩，梁湘波．我国海洋科技进步贡献率效率研究——基于索罗和三阶段 DEA 混合模型 [J]. 海洋开发与管理，2017，4：70-80.

樊增强．全球科技创新发展趋势与中国创新驱动的战略抉择 [J]. 中州学刊，2018，10：44-50.

范斐，张建清，杨刚强，孙元元．环境约束下区域科技资源配置效率的空间溢出效应研究 [J]. 中国软科学，2016（04）：71-80.

范金，张强，落成．长三角城市群经济发展质量的演化趋势与对策建议 [J]. 工业技术经济，2018，12：70-77.

冯根福，温军．中国上市公司治理与企业技术创新关系的实证分析 [J]. 中国工业经济，2008，7：91-101.

冯之浚．国家创新系统研究纲要 [M]. 济南：山东教育出版社，2000.

盖红波．全球科技投入最新态势分析 [J]. 科技进步与对策，2013，30（11）：1-5.

高丽娜，朱舜．城市群一体化发展促进创新吗？——来自长三角城市群的经验证据 [J]. 华东经济管理，2018，32（6）：66-71.

桂寿平，李超锋，李明．灰关联理论与区域物流 [J]. 中国物流与采购，2005（12）：56-59.

郭伟，高颖，张鑫，张玉琪．全域旅游的系统动力学模型构建 [J]. 统计与决策，2018，34（21）：50-53.

贺德方，唐玉立，周华东．科技创新政策体系构建及实践 [J]. 科学学研究，2019，37（01）：3-10，44.

贺德方，谢科范．国家科技基础条件平台的系统动力学分析 [J]. 中国软科学，2006（12）：52-57.

胡曙虹，黄丽，杜德斌．全球科技创新中心建构的实践——基于三螺旋和创新生态系统视角的分析：以硅谷为例 [J]. 上海经济研究，2016，3：21-28.

黄寰．创新驱动长江经济带县域绿色发展 [J]. 区域经济评论，2018，6：10-12.

黄鲁成．关于区域创新系统研究内容的探讨 [J]. 科研管理，2000，21（2）：43-48.

吉庆华，胡馨月．层次分析法在企业改制风险评估中的应用 [J]. 统计与决策，2011（01）：170-172.

姜磊，周海峰，柏玲．长江中游城市群经济-城市-社会-环境耦合度空间差异分析［J］. 长江流域资源与环境，2017，26（05）：649-656.

姜梁，杨培培，张庆普．基于无人机的军民融合创新影响机制研究［J］. 科学学与科学技术管理，2018，39（10）：96-111.

姜庆国．中国创新生态系统的构建及评价研究［J］. 经济经纬，2018，35（04）：1-8.

蒋晓娟，王月菊，陈兴鹏，张子龙．中国人口-经济-空间-社会城市化耦合协调的时空演变分析［J］. 兰州大学学报（社会科学版），2015，43（05）：63-71.

荆全忠，姜秀慧，杨鉴淞，周延峰．基于层次分析法（AHP）的煤矿安全生产能力指标体系研究［J］. 中国安全科学学报，2006（09）：74-79，145.

李柏洲，朱晓霞．基于耗散与灰关联熵的 RIS 演化机制研究［J］. 科学学研究，2007（06）：1239-1243，1167.

李创新，马耀峰，李振亭．基于改进熵值法的旅游竞争力模型与聚类分析［J］. 软科学，2007（06）：28-33.

李春涛，宋敏．中国制造业企业的创新活动：所有制和 CEO 激励的作用［J］. 经济研究，2010，5：55-67.

李建华，李琳，毛刚．科技经费投入视角下科技创新与区域经济的实证研究［J］. 社会科学战线，2013，3：94-98.

李梅，黄廷林，徐志嫱．系统动力学在城市污水再生回用系统中的应用［J］. 数学的实践与认识，2005（08）：78-83.

李娜，孙才志，范斐．辽宁沿海经济带城市化与水资源耦合关系分析［J］. 地域研究与开发，2010，29（04）：47-51.

李崧，邱微，赵庆良，刘正茂．层次分析法应用于黑龙江省生态环境质量评价研究［J］. 环境科学，2006（05）：1031-1034.

李邃，江可申，郑兵云．新兴产业与中国产业结构优化升级有序度研究［J］. 科学学与科学技术管理，，2010，31（12）：115-121.

李天放．我国区域创新的效率测度与合作治理研究［D］. 合肥：中国科学技术大学.

李小玉，李华旭．城市群背景下长江中游四省制造业创新能力评价［J］. 南通大学学报（社会科学版），2017，33（4）：19-24.

李玉双，葛京凤，梁彦庆，刘雅爱．河北省城市土地集约利用与城市化的耦合协调度分析［J］．水土保持研究，2013，20（02）：238-242，249.

廖传清，郑林．长江中游城市群人口分布与城镇化格局及其演化特征［J］．长江流域资源与环境，2017，26（07）：963-972.

刘丙军，邵东国，阳书敏，曹卫锋．基于灰关联熵的汉江中下游地区水资源分配模型和方法研究［J］．长江流域资源与环境，2005（06）：27-31.

刘承良，颜琪，罗静．武汉城市圈经济资源环境耦合的系统动力学模拟［J］．地理研究，2013，32（05）：857-869.

刘海滨，牛秀红，周佳宁．中国区域绿色创新系统内部耦合协调分析［J］．技术经济与管理研究，2018，6：34-38.

刘佳刚，袁宇心．我国战略性新兴产业发展环境的灰关联分析［J］．经济问题探索，2015（06）：137-143.

刘耀彬，李仁东，宋学锋．中国城市化与生态环境耦合度分析［J］．自然资源学报，2005（01）：105-112.

刘勇，韩泰凡，曲新谱，孔富安．基于层次分析法的绵山旅游资源评价与可持续发展对策［J］．经济地理，2006（02）：346-348，352.

卢飞，刘明辉．中国中部地区经济空间格局演变及驱动机制——基于ESDA和空间计量方法的实证分析［J］．现代财经（天津财经大学学报），2017，37（08）：33-45.

路风，慕玲．本土创新、能力发展和竞争优势——中国激光视盘播放机工业的发展及其对政府作用的政策含义［J］．管理世界，2003，12：57-82，155-156.

吕薇．新时代中国创新驱动发展战略论纲［J］．改革，2018，2：20-30.

马洪福，郝寿义．产业转型升级水平测度及其对劳动生产率的影响——以长江中游城市群26个城市为例［J］．经济地理，2017，37（10）：116-125.

马静，李小帆，张红．长江中游城市群城市发展质量系统协调性研究［J］．经济地理，2016，36（07）：53-61.

马静，邓宏兵，张红．空间知识溢出视角下中国城市创新产出空间格局［J］．经济地理，2018，38（09）：96-104.

马丽，金凤君，刘毅．中国经济与环境污染耦合度格局及工业结构解析［J］．地理学报，2012，67（10）：1299-1307.

马勇，黄智洵．长江中游城市群生态文明水平测度及时空演变［J］．生态学报，2016，36（23）：7778-7791.

马勇，童昀．长江中游城市群区域经济差异的时空演变及影响因子分析

[J]. 统计与决策，2016，21：134-137.

穆荣平，杨利锋，蔺洁. 创新系统功能分析模型构建及应用 [J]. 科研管理，2014，35（3）：1-7.

彭程，陈志芬，吴华瑞，孙想，姚娜. 基于 ESDA 的城市可持续发展能力时空分异格局研究 [J]. 中国人口·资源与环境，2016，26（02）：144-151.

秦尊文，陈丽媛. 推进长江中游城市群生态文明建设一体化 [J]. 理论月刊，2014，(09)：5-9.

曲然，王晶，单丹，李雪灵. 区域科技发展水平评价研究 [J]. 现代管理科学，2014，8：27-29.

沈宏婷，陆玉麒，沈惊宏. 中国省域创新投入-创新产出-创新效益的时空耦合研究 [J]. 经济地理，2017，37（6）：17-22，35.

沈坤荣，赵倩. 世界级城市群国际比较与区域高质量发展路径选择——以江苏为例 [J]. 江海学刊，2018，2：102-107，238.

盛彦文，马延吉. 区域产学研创新系统耦合协调度评价及影响因素 [J]. 经济地理，2017，37（11）：10-18，36.

师博，张冰瑶. 新时代、新动能、新经济——当前中国经济高质量发展解析 [J]. 上海经济研究，2018，5：25-33.

师博. 论现代化经济体系的构建对我国经济高质量发展的助推作 [J]. 陕西师范大学学报（哲学社会科学版），2018，47（3）：126-132.

史志明，时静静. 企业核心竞争力识别方法与改进——基于引入时间要素的层次分析法的视角 [J]. 经济与管理，2008（07）：63-66.

宋利格，陈迅. 西部地区经济增长质量的综合评价 [J]. 统计与决策，2006（13）：113-114.

苏屹，安晓丽，孙莹，果颖. 区域创新系统耦合度测度模型构建与实证研究 [J]. 系统工程学报，2018，33（3）：398-411.

孙爱军，吴钧，刘国光，庞金亮. 交通与城市化的耦合度分析——以江苏省为例 [J]. 城市交通，2007（02）：42-46.

孙爱军，董增川，张小艳. 中国城市经济与用水技术效率耦合协调度研究 [J]. 资源科学，2008（03）：446-453.

孙才志，王雪利，王嵩. 环境约束下中国技术进步偏向测及其空间效应分析 [J]. 经济地理，2018，9（38）：38-46.

孙建华. 综合层次分析法评价模型在项目风险评估中的应用 [J]. 统计与决策，2009（23）：164-167.

唐启升，苏纪兰，孙松，张经，黄大吉，金显仕，仝龄．中国近海生态系统动力学研究进展［J］．地球科学进展，2005（12）：1288-1299.

拓学森，陈兴鹏，薛冰．民勤县水土资源承载力系统动力学仿真模型研究［J］．干旱区资源与环境，2006（06）：78-83.

汪德根，宋玉芹，刘昌雪．商务旅游城市发展的系统动力学仿真研究——以苏州工业园区为例［J］．地理科学进展，2013，32（03）：486-496.

汪青松，程莉．企业技术创新与企业经济绩效的灰色关联度分析［J］．中国科技论坛，2009（12）：64-68.

王林，钟书华．中国与欧盟创新能力评价体系比较——基于《2017 欧盟创新记分牌》报告分析［J］．科学学研究，2018，36（09）：1716-1728.

王琦，陈才．产业集群与区域经济空间的耦合度分析［J］．地理科学，2008（02）：145-149.

王嵩，孙才志，范斐．基于共生理论的中国沿海省市海洋经济生态协调模式研究［J］．地理科学，2018，3（38）：342-350.

吴传清，邓明亮．科技创新、对外开放与长江经济带高质量发展［J］．科技进步与对策，2019，36（3）：33-41.

吴传清，黄磊．演进轨迹、绩效评估与长江中游城市群的绿色发展［J］．改革，2017，（03）：65-77.

吴传清，黄磊．演进轨迹、绩效评估与长江中游城市群的绿色发展［J］．改革，2017，3：65-77.

吴巧生，李慧．长江中游城市群能源效率评价研究［J］．中国人口·资源与环境，2016，26（12）：140-146.

吴巧生，赵天宇，周娜．中国煤层气规模化开发的政策情景仿真［J］．中国人口·资源与环境，2017，27（12）：14-20.

吴文恒，牛叔文，郭晓东，常慧丽，李钢．中国人口与资源环境耦合的演进分析［J］．自然资源学报，2006（06）：853-861.

吴文恒，牛叔文．甘肃省人口与资源环境耦合的演进分析［J］．中国人口科学，2006（02）：81-86，96.

吴玉鸣，柏玲．广西城市化与环境系统的耦合协调测度与互动分析［J］．地理科学，2011，31（12）：1474-1479.

吴玉鸣，张燕．中国区域经济增长与环境的耦合协调发展研究［J］．资源科学，2008（01）：25-30.

武京涛，涂建军，阎晓，周艳．中国城市土地利用效益与城市化耦合机制研究［J］. 城市发展研究，2011，18（08）：42-45，63.

肖刚，杜德斌，李恒，戴其文．长江中游城市群城市创新差异的时空格局演变［J］. 长江流域资源与环境，2016，25（2）：199-207.

肖家祥，黎志成．武汉光电子产业集群竞争力与区域经济发展的灰关联分析［J］. 统计与决策，2005（08）：129-130.

谢尚，邓宏兵．长江中游城市群发展质量评价［J］. 统计与决策，2018，14：55-58.

谢守红，蔡海亚．长江三角洲物流业与区域经济耦合协调度研究［J］. 江西财经大学学报，2015（05）：20-27.

徐彬，吴茜．人才集聚、创新驱动与经济增长［J］. 软科学，2019，33（1）：19-23.

徐菲菲，杨达源，黄震方，Geoffrey Wall.，基于层次熵分析法的湿地生态旅游评价研究——以江苏盐城丹顶鹤湿地自然保护区为例［J］. 经济地理，2005（05）：707-711，719.

徐广印，胡荣博，王韵，陈亮，曲建华，理勇．物流能源消耗与区域经济相关指标的灰关联分析［J］. 河南农业大学学报，2007（06）：689-693.

徐佳，魏玖长，王帅，赵定涛．开放式创新视角下区域创新系统演化路径分析［J］. 科技进步与对策，2017，34（5）：25-34.

许国兵，张文杰．基于网络层次分析法的物流外包满意度评价方法研究［J］. 南开经济研究，2007（05）：120-132.

杨红娟，张成浩．基于系统动力学的云南生态文明建设有效路径研究［J］. 中国人口·资源与环境，2019，29（02）：16-24.

杨剑，杨锋，王树恩．基于系统动力学的区域创新系统运行机制研究［J］. 科学管理研究，2010，28（4）：1-6.

杨兰桥．推进我国城市群高质量发展研究［J］. 中州学刊，2018，7：21-25.

杨明海，张红霞，孙亚男．七大城市群创新能力的区域差距及其分布动态演进［J］. 数量经济技术经济研究，2017，3：21-39.

杨雪，高伟丽．基于区域创新系统的城市创新评价研究［J］. 天津科技，2018，45（6）：9-11.

姚焕玫，黄仁涛，蒋文凯．区域大气环境质量灰关联评价方法探讨［J］. 武汉大学学报（信息科学版），2005（04）：326-328.

叶郁，曹磊．城市群发展中的区域创新中心建设［J］. 科学管理研究，

2013，31（2）：51-54.

尹航，孙希波，傅毓维．基于熵值法确权的科技成果转化项目后评价研究［J］．科学学与科学技术管理，2007（10）：20-25.

尹世久，吴林海，张勇．我国粮食产量波动影响因素的经验分析［J］．系统工程理论与实践，2009，29（10）：28-34.

余凤鸣，杜忠潮，周杜辉．基于熵值法的经济发展与生态环境耦合关系演变分析——以西安市为例［J］．安徽农业科学，2011，39（34）：21224-21227.

余泳泽，刘大勇．我国区域创新效率的空间外溢效应与价值链外溢效应——创新价值链视角下的多维空间面板模型研究［J］．管理世界，2013，7：6-20，70，187.

约瑟夫·熊彼特．经济发展理论［M］．北京：商务印书馆，1912.

张爱胜，李锋瑞，王涛．典型区域土地沙漠化综合管理系统动力学模型分析［J］．中国沙漠，2005（05）：769-774.

张成凤，粟晓玲，蔡焕杰．基于区间层次分析法的榆阳区水资源配置系统和谐性评价研究［J］．自然资源学报，2017，32（06）：1053-1063.

张洪潮，赵丽洁．产业集群与区域经济耦合效应的评价［J］．统计与决策，2013（05）：58-60.

张建清，陈佩，王嵩，范斐．基于“湖泊效应”的长江经济带城市空间分异研究［J］．中国人口·资源与环境，2018，28（7）：65-75.

张建清，王艳慧．长江中游城市群基本公共服务均等化现状评价与对策研究［J］．当代经济管理，2016，38（01）：69-74.

张建清，严妮飒．长江中游城市群基本公共服务均等化的测度与特征分析［J］．生态经济，2017，33（1）：102-106.

张建清，付利苹，范斐，王嵩．区域绿色科技资源配置效率的实证研究——以桂林市为例［J］．科技管理研究，2016，16：243-249.

张建清，孟珊，王嵩，季轶凡．中国科技及经济空间联系强度研究［J］．资源开发与市场，2019，35（1）：62-67，101.

张建清，张岚，王嵩，范斐．基于 DPSIR-DEA 模型的区域可持续发展效率测度及分析［J］．中国人口·资源与环境，2017，11（27）：1-9.

张霞，刘明俊．基于层次分析法的企业知识管理绩效评价体系研究［J］．科技进步与对策，2007（10）：148-150.

张小兰．技术创新与我国经济增长的质量［J］．经济体制改革，2002

(03)：34-37.

张学良．以都市圈建设推动城市群的高质量发展［J］. 上海城市管理，2018，27（05）：2-3.

张雅杰，金海，谷兴，叶梁倩，邵庆军．基于 ESDA-GWR 多变量影响的经济空间格局演化——以长江中游城市群为例［J］. 经济地理，2015，35（3）：28-35.

张燕，吴玉鸣．中国区域工业化与城市化的时空耦合协调机制分析［J］. 城市发展研究，2006（06）：46-51.

张义梁，张嵎喆．国家自主创新能力评价指标体系研究［J］. 经济学家，2006，6：28-34.

张勇，蒲勇健，陈立泰．城镇化与服务业集聚——基于系统耦合互动的观点［J］. 中国工业经济，2013（06）：57-69.

赵倩，沈坤荣．以城市群建设推动区域经济高质量发展研究［J］. 经济纵横，2018，9：92-98.

赵彦云，刘思明．中国专利对经济增长方式影响的实证研究：1988—2008年［J］. 数量经济技术经济研究，2011，28（04）：34-48，81.

郑成功，朱祖平．企业技术创新能力综合评价体系及实证［J］. 科技管理研究，2007（04）：75-77.

郑吉春，张文杰，汪晓霞．区域物流中心选址的系统动力学分析［J］. 北京科技大学学报，2006（02）：203-206.

周华坤，赵新全，周立，唐艳鸿，刘伟，师燕．层次分析法在江河源区高寒草地退化研究中的应用［J］. 资源科学，2005（04）：63-70.

周正祥，张桢稹．长江中游城市群可持续发展对策研究［J］. 中国软科学，2016，11：84-97.